Pia Herzog

EKSAM
MASKE der Nähe

Pia Herzog

EKSAM

MASKE der Nähe

Rediroma-Verlag

Bibliografische Information der Deutschen Nationalbibliothek:
Die Deutsche Nationalbibliothek verzeichnet diese Publikation in der Deutschen Nationalbibliografie; detaillierte bibliografische Daten sind im Internet über http://portal.dnb.de abrufbar.

ISBN 978-3-98885-264-9

www.rediroma-verlag.de
10,95 Euro (D)

INHALT

DANKSAGUNG

An dieser Stelle möchte ich allen Menschen danken, die es mir ermöglicht haben, so viel Fantasie zu entwickeln. Besonderer Dank gilt meinen Freunden und meiner Familie, die mich ermutigt haben, ein weiteres Buch zu schreiben. Danke für die anregenden Gespräche und Diskussionen, die entstanden sind. Danke für die Zeit! Danke, dass es euch gibt!

Ein weiterer Dank geht an Herrn Daniel Bieter vom Rediroma-Verlag für die professionelle und tolle Zusammenarbeit.

1.
Neuzugang auf der Station

Björn lag neben mir und atmete leise und gleichmäßig. Ich lag bestimmt schon eine halbe Stunde wach neben ihm und war putzmunter. Nur zum Aufstehen hatte ich irgendwie noch keine Lust.

Björn war mein absoluter Traummann. Er verkörperte alles, was ich mir jemals von einem Partner erhofft habe. Intelligent, gut aussehend, sportlich, zärtlich und liebevoll – er war einfach perfekt für mich. Unsere Geschichte begann schon in jungen Jahren, als wir beide gerade einmal 15 Jahre alt waren und das Wilhelm-Busch-Gymnasium in Stadthagen besuchten. Es war bei einer dieser legendären Schulpartys, wo unser gemeinsamer Weg begann. Ich erinnere mich noch genau an diesen besonderen Abend. Die Musik dröhnte durch den Saal, und die Lichter wirbelten in bunten Farben umher. Björn forderte mich zum Tanzen auf, genau zu dem Lied „Let it be" von den Beatles. Es war magisch, wie wir uns im Takt der Musik bewegten, und in diesem Moment spürte ich, dass da etwas Besonderes zwischen uns war.

Von diesem Augenblick an waren wir unzertrennlich. Unsere Liebe wuchs mit jedem Tag, jeder Herausforderung und jedem gemeinsam verbrachten Moment. Und nun, nach 13 Jahren Ehe, konnten wir stolz sagen, dass wir sogar das berüchtigte siebte Jahr überstanden haben.

Björn rekelte sich. „Na, meine Süße bist du schon wieder seit Stunden wach und beobachtest mich?“, fragte er lachend.

„Nein, erst seit ungefähr einer halben Stunde, aber du hast recht, ich habe gerade gedacht, welch ein Glück wir haben, das wir uns lieben.“

„So, tun wir das?“, fragte Björn scherzhaft und warf mir sein Kissen rüber. Aus dieser kleinen Rangelei entstand ein kleines Liebesspiel, welches damit endete, dass Björn mich zärtlich an diesem frühen Morgen liebte.

Björn sprang aber kaum, dass er einen Orgasmus hatte, aus dem Bett und stellte sich unter die Dusche. Ich zog mir mein rosa Sweatshirt über und ging in die Küche, um Kaffee aufzusetzen. Björn liebte gesundes Frühstück und Müsli mit frisch gepressten Säften. Ich gehöre der Fraktion an, nichts geht über Spiegelei mit Speck oder noch besser ein anständiges Omelette, gut gefüllt mit Paprika und ganz viel Schnittlauch.

Singend kam Björn mit einem Handtuch um seine Hüften gewickelt aus dem Badezimmer in die Küche. „Ach, schön, dass der Kaffee schon fertig ist. Danke, dass du das Frühstück gemacht hast!“

„Gerne. Wann kommst du heute Abend nach Hause? Wollen wir mal wieder zusammen essen gehen? Wir waren schon lange nicht mehr bei unserem Lieblingsitaliener."

„Ja, das passt. Aber bitte nicht vor 19 Uhr 30, das wird mir sonst zu stressig", antwortete Björn. „Ich habe dir doch gestern erzählt, dass ich heute den Abschluss mit dem Großkunden tätigen möchte."

„Ja, natürlich. Ich werde den Tisch reservieren, und wir treffen uns dann dort. Ich freue mich."

Ich stellte mich auf die Zehenspitzen und gab Björn einen herzhaften Kuss auf die Wange.

Björn schubste mich leicht weg, aber lachend. „Hey, ich muss mich anziehen und los spurten. Bis heute Abend, Kathrin. Lass dir den Tag nicht zu lang werden."

„Nein, dafür werden schon die kleinen Racker auf der Station sorgen."

Ich arbeitete schon seit Jahren halbe Tage im idyllisch gelegenen städtischen Krankenhaus Stadthagen, eingebettet in eine ruhige Oase aus Grünflächen und umgeben von einem malerischen Park. Die Atmosphäre hier war wie ein beruhigender Hauch frischer Luft, der die Seele streichelte. Ursprünglich hatte ich eine Ausbildung als Rechtsanwaltsgehilfin abgeschlossen. Doch mit der Zeit wurde mir klar, dass diese Tätigkeit mich nicht erfüllte, sie war zu trocken. Also wagte ich einen mutigen Schritt und wechselte meinen Berufsweg. Heute fand ich meine Erfüllung auf der Kinderstation des Krankenhauses. Der Weg durch die geschwungenen Wege des Parks, der mich jeden Tag zur Arbeit führte, war wie eine Reise der Vorfreude auf die bevorstehenden Begegnungen mit den kleinen Patienten. Die Kinderstation selbst war ein Ort voller Leben und Hoffnung. Die Wände waren mit bunten Bildern und fröhlichen Motiven geschmückt, die eine warme und einladende Atmosphäre schufen. Das Team auf der Kinderstation war wie eine Familie, die sich liebevoll um die kleinen Patienten kümmerte. Ärzte, Krankenschwestern und Pfleger arbeiteten Hand in Hand, um den Kindern Trost zu spenden und ihnen die bestmögliche medizinische Versorgung zukommen zu lassen. Für mich war es eine Ehre und eine Freude, Teil dieses Teams zu sein und einen Beitrag zum Wohlergehen der kleinen Kämpfer zu leisten. Besonders als wir feststellten, dass wir keine eigenen Kinder bekommen konnten. Für mich persönlich war es eine besonders harte Herausforderung. Als Frau hatte ich mir immer vorgestellt, Mutter zu werden und diese Erfahrung zu teilen. Es war ein Schlag ins Gesicht, als ich erkannte, dass diese Vision möglicherweise niemals Realität werden würde. Ich musste mich von dem Traum verabschieden, meine eigenen Kinder großzuziehen, und das war eine schmerzhafte Erkenntnis. Wir dachten auch über eine Adoption nach. Wir führten lange, tiefgründige Gespräche, was es bedeutet, ein adoptiertes Kind großzuziehen. Es gab Ängste und Zweifel, aber letztendlich kamen wir zu dem Schluss, dass Adoption für uns nicht der richtige Weg war. Wir fühlten, dass es wichtig war, diese Entscheidung bewusst zu treffen und nicht einfach als „Plan B" zu wählen. Im Laufe der Zeit begannen Björn und ich, unsere Entscheidung zu akzeptieren und uns an unsere neue Realität anzupassen. Für mich war die Arbeit auf der Kinderstation eine Möglichkeit, diese Leere zu füllen und gleichzeitig anderen Kindern zu helfen. Björn war immer an meiner Seite, unterstützend und liebevoll, während wir unseren eigenen Weg fanden, um eine erfüllte Zukunft zu gestalten. Björn war das Gesicht des Autohauses Schmid und hatte sich als äußerst versierter Autoverkäufer einen Namen gemacht. Innerhalb des Familienunternehmens hatte er die Leitung der Verkaufsabteilung übernommen und zeigte dabei ein beeindruckendes Geschick für Verhandlungen und Kundenbetreuung. Sein Bruder Kai, der für den Einkauf zuständig war, bildete mit ihm ein unschlagbares Team, während seine Mutter Else mit ihrer präzisen Buchhaltung für den finanziellen Überblick sorgte.

Obwohl der plötzliche Verlust seines Vaters, kurz vor unserer Hochzeit, eine Lücke hinterlassen hatte, hatte die Familie Schmid weiterhin mit Entschlossenheit und Hingabe das Autohaus vorangebracht. Dank ihrer hervorragenden Arbeit und dem ausgezeichneten Ruf des Autohauses, insbesondere im Bereich Luxusautos, strömten Kunden aus nah und fern, um von Björn persönlich beraten zu werden und die neuesten Modelle zu sehen.

Auf der Kinderstation angekommen, ging es gleich heiß her. Olaf, der Liebling der Station, hatte heute beschlossen, sein Frühstück nicht anzurühren. Auf meine Frage, ob er denn nicht groß und stark werden wolle, antwortete er selbstbewusst: „Nein, wenn ich groß werde, muss ich mir mein Frühstück selber machen und arbeiten gehen. Deshalb möchte ich lieber klein bleiben und immer hier sein. Hier ist es schön, ich habe immer jemanden zum Spielen, und du kommst auch jeden, fast jeden Tag vorbei. Also werde ich ab heute nicht mehr essen, damit ich nicht wachsen werde."

Mir war zwischen Lachen und Weinen zumute. Ich nahm Olaf in den Arm und sprach: „Jeden Tag wächst man nur ein ganz kleines Stückchen, das kann man bloßem Auge gar nicht erkennen. Also iss ruhig und werde groß und stark. Dann wirst du Arzt bei uns im Krankenhaus und heilst ganz viele kleine Kinder, die auch nicht groß werden möchten. Sie werden dir dankbar sein, und du wirst ihr Held sein."

„Ach, Tante Kathrin, das werde ich machen. Wäre ja auch schade, wenn keiner das Frühstück heute essen würde."

Ich konnte gar nicht so schnell schauen, da hatte Olaf seine zwei Toastbrote mit Marmelade verschlungen.

Nachdem Olaf nun sein Frühstück aufgegessen hatte, erreichte uns eine neue Patientin auf der Station. Franziska, gerade sechs Jahre alt, war aus einem Kirschbaum gefallen und konnte sich danach nicht mehr bewegen. Die Röntgenbilder zeigten jedoch keine Brüche oder ähnliche Verletzungen. Franziska schaute niemanden an, weder mich noch ihre Zimmernachbarin oder ihre eigene Mutter. Stur starrte sie zur Decke und schien die Außenwelt auszublenden. Ihre Mutter hingegen weinte ununterbrochen und versuchte verzweifelt, ihre Tochter dazu zu bewegen, wenigstens jemanden anzusehen. Als Franziska auch darauf nicht reagierte, schloss sie einfach die Augen. Ich nahm die Mutter beiseite, nachdem Franziska ihre eigene Nachttischlampe und die Klingel erreicht hatte, und bat sie, mit mir auf den Flur zu kommen. Dort bat ich die Mutter, ihrer Tochter Zeit zu geben, sich an die neue Situation zu gewöhnen. Franziskas Mutter nickte zwar, schien jedoch nicht richtig zuzuhören. Sie wiederholte immer wieder: „Hätte ich doch besser aufgepasst. Ich habe nur einen kleinen Moment nicht hingeschaut, und schon ist es passiert." Sie flehte mich an: „Schwester, sie wird doch wieder gesund, oder? Ich meine, ganz gesund?"

„Ja, natürlich. Auf den Röntgenbildern sind keine Brüche erkennbar. Franziska braucht einfach Zeit. Das war ein großer Schreck für sie“, versuchte ich die besorgte Mutter zu beruhigen.

Sie nickte, verabschiedete sich von mir und ging. So verging der Tag wie immer rasch. Als ich auf die Uhr schaute, beschloss ich, noch schnell zum Supermarkt in unserer Nähe zu gehen, um frisches Obst für den nächsten Morgen zu besorgen. Ich stand vor der Mango und war etwas unentschlossen, ob ich sie nehmen sollte. In diesem Moment sah ich Franziskas Mutter an der Fleischtheke stehen. Sie sah irgendwie besser aus als heute Vormittag, fand ich. Oder war sie es vielleicht doch nicht? Doch, es war definitiv dieselbe dunkelblaue Jacke, die sie trug. Nun, es spielte keine Rolle. Ich ging direkt zur Kasse und bezahlte meine Einkäufe.

Zu Hause angekommen, beeilte ich mich, unter die Dusche zu springen, und wählte dann ein Outfit für den Abend. Eine beige Stoffhose, dazu eine elegante weiße Bluse, kombiniert mit weißen Sneakers und einer passenden Handtasche. Auf dem Weg zum Flur spazierte ich an unserem Spiegel vorbei und blieb kurz stehen, um mich selbst zu betrachten.

„Sehe ich eigentlich aus wie 38?“, dachte ich laut. Ein paar Pfunde hatten sich im Laufe der Jahre schon angesammelt, aber dennoch hatte ich eine gute Figur, ein ebenmäßiges Gesicht, mit hohen Wangenknochen, und schwarze, dunkle Haare.

Björn war nicht gerade großzügig mit Komplimenten, aber ich wusste, dass er mich liebte und mich attraktiv fand, sonst wären wir heute Morgen wohl nicht so spät aus dem Bett gekommen.

Ich grinste mich selbst im Spiegel an. Schön, dass Björn und ich endlich mal wieder zusammen essen gehen, dachte ich. Ich freute mich bereits auf den Abend und darauf, Zeit mit ihm zu verbringen.

Als ich schließlich bei Da Claudio, unserem Lieblingsitaliener, ankam, saß Björn bereits am Tisch und studierte die Speisekarte. „Hallo Schatz, hast du schon lange gewartet? Bin ich zu spät?“

Björn blickte von der Karte auf und lächelte. „Nein, ich wollte mich nicht hetzen. Die Zeit war zu knapp, um dich vorher von zu Hause abzuholen, also habe ich beschlossen, etwas eher hier Platz zu nehmen, und schon mal geschaut, was es heute Besonderes zu essen gibt.“

In diesem Moment kam Claudio zu uns, um uns herzlich zu begrüßen. Er empfahl uns Pasta alla Casa, und wir stimmten beide zu, bestellten dazu einen Merlot und begannen fast gleichzeitig zu erzählen.

„Nein, erzähl du zuerst.“

„Nein, du. Wie war dein Tag?“

„Okay, dann fange ich eben an“, sagte ich und begann von Olaf und Franziska zu erzählen. Dann bat ich Björn, seine Erlebnisse des Tages mit mir zu teilen.

„Ja, Schatz, eigentlich müssten wir Champagner trinken. Ich habe den Großauftrag abgeschlossen. Ich habe an eine Versicherungsgruppe 20 Daimler als Dienstwagen verkauft, inklusive Wartungsterminen im Haus."

„Wow, das freut mich! Du bist wirklich der beste Verkäufer, den das Autohaus Schmid hat."

Björn lachte. „Stimmt, und der Einzige!"

Wir stießen mit unserem Merlot an.

„Hm, der ist wirklich total vollmundig und lecker", schwärmte Björn.

Plötzlich stand eine Frau vor unserem Tisch, ihr Erscheinen war wie eine plötzliche Brise in einem ansonsten ruhigen Raum. Ihr Aussehen war bemerkenswert – sie strahlte eine natürliche Eleganz aus, die durch ihre sorgfältig ausgewählte Garderobe, schwarze Hose, beige Bluse, dezenter Schmuck, noch verstärkt wurde. Sie war hübsch, mit einem markanten Gesicht, das von klaren, entschlossenen Augen dominiert wurde. Ihr brünettes Haar fiel in perfekt gestylten Wellen über ihre Schultern, und jede Geste wirkte beinahe wie einstudiert, so präzise und doch anmutig war sie.

Als sie vor uns stand, schien sie ein bestimmtes Ziel zu verfolgen. Ihr Blick war direkt und ihre Haltung selbstbewusst, als sie Björn ansprach. Ihre Stimme war sanft, aber bestimmt, als sie um ein kurzes Vieraugengespräch bat, da etwas Wichtiges passiert sei. Ohne weitere Erklärung stand Björn auf und begleitete sie vor die Tür. Durch die Glasscheibe konnte ich einen flüchtigen Blick auf das Gespräch erhaschen. Es schien hitzig zu sein, die Gesten der Frau und die ernste Miene von Björn deuteten auf eine ernsthafte Angelegenheit hin. Schließlich nickte Björn und kehrte an unseren Tisch zurück.

„Was wollte die Frau?“, fragte ich, meine Neugier kaum verbergend, während ich versuchte, mir nicht vorzustellen, welche möglichen Herausforderungen sie mitgebracht haben könnte.

„Sie hat wohl ein Montagsauto bei uns gekauft, sie ist mit dem Wagen nicht zufrieden.“

Ich schaute Björn an und flüsterte leise: „Das ist die Mutter von Franziska, ich hätte sie beinahe nicht wiedererkannt in diesem eleganten Dress.“

„Welche Franziska?“, fragte Björn verwirrt.

„Ich habe dir doch gerade von ihr erzählt“, sagte ich ungläubig, dass Björn das schon wieder vergessen hatte. „Björn, woher wusste die Frau, dass wir hier beim Italiener sind?“

„Was weiß denn ich? Vielleicht hat das meine Mutter oder mein Bruder erzählt. Keine Ahnung.“

„Dein Bruder hätte doch die Angelegenheit auf morgen verschieben können, wenn du wieder in der Firma bist. Der erzählt doch nicht jeder unzufriedenen Kundin, wo du mit deiner Frau zu Abend essen gehst."

„Oh, Mann, Kathrin, ich weiß es doch auch nicht. Ich habe ihr nun einen Termin für morgen früh um zehn Uhr in der Firma gegeben. Dann werde ich mich dem Problem annehmen. Aber jetzt, Schluss, das verdirbt uns ja noch den ganzen Abend."

„Die Frau hat gesagt, es ist etwas Wichtiges passiert. Eine Auto-Beschwerde ist doch nicht so wichtig, dass man den Verkäufer beim Abendessen mit seiner Frau stört."

„Kathrin, mir reicht es jetzt. Was willst du? Ich kläre das morgen, okay?" Björn wirkte sichtlich genervt.

Wir aßen schweigend weiter, bestellten noch einen Espresso, bezahlten die Rechnung und fuhren schweigend nach Hause. Ich fühlte mich schlecht; instinktiv spürte ich, dass hier etwas nicht stimmte. Mir war nur noch nicht klar, was es war.

Björn zog es vor, sich vor den Fernseher zu setzen. So verwandelte sich der anfänglich schöne Abend in einen, in dem die Spannung förmlich in der Luft hing.

Die schlechte Stimmung war auch am nächsten Morgen noch deutlich zu spüren. Björn aß sein Müsli schweigend, und ich hatte überhaupt keinen Appetit. Björn gab mir einen flüchtigen Kuss und machte sich auf den Weg zur Arbeit, dabei sagte er: „Bis heute Abend, Tschüss.“

„Tschüss, Björn“, erwiderte ich leise, während ich begann, den Frühstückstisch abzuräumen. Gerade als ich das tat, klingelte das Telefon, und Meike, meine beste Freundin, war am anderen Ende der Leitung.

„Kathrin, was soll ich nur tun?“, klang Meikes Stimme verzweifelt.

„Was ist passiert? Warum bist du so aufgelöst? Weinst du?“, fragte ich besorgt.

„Ja, Kathrin, ich weiß nicht, was ich tun soll. Stell dir vor, gestern ist meine Gymnastikstunde ausgefallen, also beschloss ich, früher nach Hause zu gehen. Aber auf dem Weg passierte etwas Seltsames. Ich lief am Kino vorbei, um zu sehen, welche Filme gerade laufen, und da sah ich Manfred, meinen Mann, mit einer rothaarigen Schönheit Arm in Arm an der Kasse stehen. Sie wirkten sehr vertraut. Ich war so geschockt, dass ich mich schnell umdrehte und weiterging.“

„Bist du dir sicher, dass es Manfred war?“, fragte ich nach.

„Klar. Ich erkenne doch meinen eigenen Mann. Das war eindeutig Manfred.“

„Schon gut, Meike. Was hat Manfred gesagt, als er nach Hause kam?“

„Gar nichts!“, antwortete Meike frustriert. „Ich habe ihn nicht gefragt, wie der Film war oder mit wem er im Kino war. Ich hatte gehofft, er erzählt es mir von selbst, ohne dass ich ihn danach frage."

Ich konnte Meikes Verwirrung verstehen. „Es könnte tatsächlich völlig harmlos sein. Vielleicht ist die rothaarige Frau einfach eine Kollegin oder eine Freundin von Manfred", versuchte ich, sie zu beruhigen. „Du hast sicher Angst, dass er dich betrügt, und ich verstehe deine Sorge. Aber du könntest entweder direkt mit Manfred darüber sprechen, was meiner Meinung nach die beste Option wäre, oder du wartest vorerst ab und beobachtest die Sache."

„Abwarten? Du glaubst doch wohl nicht, dass ich das aushalten kann!", antwortete Meike aufgeregt. „Das könnte ich nie, und das könntest du auch nicht, oder?"

„Nein, du hast recht", gab ich zu. „Aber du musst die Wahrheit wissen, um Klarheit zu bekommen. Ist denn sonst alles in eurer Beziehung in Ordnung?"

„Du meinst, ob wir regelmäßig Sex haben?", fragte Meike mit einem Anflug von Unsicherheit.

„Ja, aber nicht nur das. Es gehört mehr dazu, um eine Beziehung aufrechtzuerhalten", erklärte ich.

„Nun, wenn ich darüber nachdenke, war es zwischen uns schon harmonischer, und die Leidenschaft zwischen uns ist irgendwie erloschen. Das letzte Mal ist schon eine kleine Ewigkeit her", gestand Meike. „Kathi, was soll ich nur tun?"

Ich versuchte, meine Freundin zu trösten, und riet ihr dazu, offen mit Manfred über ihre Sorgen und

Bedenken zu sprechen, um herauszufinden, was in ihrer Beziehung vor sich geht.

„Ach, Kathi, wenn ich dich nicht hätte! Ich werde heute Abend ein klärendes Gespräch mit Manfred führen. Ich melde mich morgen wieder bei dir“, versicherte Meike.

„So machen wir das, liebe Meike. Nichts wird so heiß gegessen, wie es gekocht wird. Du wirst sehen, es klärt sich auf. Du, sei mir nicht böse, aber ich muss in die Klinik. Sei tapfer!“

Mit diesen Worten legte ich auf. Die Zeit drängte, und ich musste mich beeilen.

Der halbe Arbeitstag verstrich wie gewohnt rasch.

Kurz nach 15 Uhr, auf dem Heimweg, rief Björn an und erzählte mir, dass es heute Abend spät wird, da er sich mit Manfred in der Stammkneipe verabredet habe.

„Oh, das ist aber schön. Gibt es einen besonderen Anlass?“, fragte ich Björn neugierig.

„Nein, ich denke, Manfred will sich einfach mal wieder aussprechen.“

„Aha, na dann wünsche ich euch viel Spaß“, entgegnete ich.

Während ich darüber nachdachte, ob Manfred sich vielleicht Beistand von Björn holt, überlegte ich, ob ich Meike anrufen sollte, um sie darüber zu informieren, dass ihr Mann mit meinem in die Stammkneipe geht. Doch ich entschied mich dagegen und sagte zu mir selbst: Kathrin, misch dich nicht ein.

2.
Warum lügst du mich an?

Ich schlenderte nach Hause, räumte ein wenig auf, wärmte mir später die Suppe vom Vortag auf und genoss einen ruhigen Wellnessabend ohne meinen Mann. Gerade, als ich darüber nachdachte, wie angenehm das sein kann, klingelte das Telefon, das ich auf die Fensterbank im Badezimmer gelegt hatte.

„Hallo Meike, alles okay? Ist Manfred schon wieder zu Hause?“, fragte ich.

Meike antwortete verwundert: „Wieso, er war doch gar nicht weg?“

„Was? Wie, er war nicht weg? Aber Manfred hat sich heute Morgen doch mit Björn verabredet, oder nicht?“

„Nein, Kathrin, da musst du dich irren. Manfred und ich haben heute über den gestrigen Kinobesuch gesprochen. Du hattest recht, es war alles völlig harmlos. Die Kollegin, mit der Manfred im Kino war, war eigentlich mit ihrer Freundin verabredet, aber die Freundin fühlte sich ab dem Nachmittag nicht gut. Also fragte die Kollegin Manfred, ob er Lust und Zeit habe, da es schade wäre, wenn die Karten verfallen. Manfred wollte mich dann vom Foyer aus anrufen, um mir mitzuteilen, dass er mit Jessica, so heißt die Kollegin, im Kino ist. Doch er stellte fest, dass sein Handy-Akku leer war. Deshalb hat er es mir heute nach Feierabend von sich aus erzählt. Kathrin, bist du noch dran? Warum sagst du nichts?“

„Meike, das ist ja großartig! Ich bin wirklich froh, dass sich alles so unkompliziert aufgeklärt hat.“

„Du glaubst nicht, wie erleichtert ich bin“, lachte Meike. „Schön, dass du meine Freundin bist. Wir sollten uns übrigens auch mal wieder treffen. Danke für dein Ohr und tschüss.“

„Tschüss, Meike“, erwiderte ich. Doch in meinem Inneren war ein Sturm der Verwirrung entfacht. Die Worte von Meike hatten meine Gedanken auf Björn gelenkt. Mein Vertrauen begann zu bröckeln. Hatte er mich angelogen? Mit wem war er in der Stammkneipe? Unzählige Fragen waberten in meinem Kopf, und ich war gespannt auf die Antworten.

Ich quälte mich auf unserem Sofa hin und her. Ich wollte unbedingt wach bleiben, um mit Björn zu sprechen. Die Uhr zeigte etwa ein Uhr morgens, als ich endlich hörte, wie Björn die Haustür aufschloss. Er zog sich leise die Schuhe im Flur aus, legte seinen Autoschlüssel sanft auf den Schuhschrank, ging ins Badezimmer und wusch sich die Hände. Dann schlich er leise in die Küche, goss sich ein Glas Rotwein ein und betrat das Wohnzimmer.

„Mein Gott, musst du mich so erschrecken? Warum liegst du noch nicht im Bett, Kathrin? Es ist schon spät“, bemerkte Björn.

„Ich wollte auf dich warten. Wie war denn dein Abend mit Manfred?“, fragte ich, meine Ungewissheit nicht verbergend.

„Na ja, du kennst ja Manfred. Der findet nie ein Ende“, antwortete Björn.

„Worüber habt ihr denn so lange geredet?“, fragte ich weiter.

Björn zuckte mit den Schultern. „Ach, belangloses Zeug. Du weißt doch, wie das ist. Ein bisschen Privates, dann berufliche Dinge, und, schwupps, ist die Zeit vergangen. So, ich gehe jetzt ins Bett. Kommst du mit, oder schläfst du heute auf dem Sofa?“

Ich war den Tränen nahe. Warum war er so unhöflich zu mir? Warum log er mich an? Unsicherheit und Sorge fraßen an mir.

In der Nacht hatte ich kein Auge zugetan. Beim Frühstück versuchte ich erneut, das Gespräch auf den gestrigen Abend zu lenken. „Wie geht es Manfred eigentlich?“, fragte ich und sah Björn aufmerksam an.

„Gut, glaube ich.“

„Wieso glaubst du das nur? Ihr habt euch doch gestern über persönliche Dinge unterhalten, oder?“

„Kathrin, bitte“, entgegnete Björn. „Ich frage dich doch auch nicht aus, nachdem du dich mit Meike getroffen hast. Gestern Abend war einfach ein netter Männerabend, mehr gibt es dazu nicht zu sagen.“

„Okay, aber du konntest zumindest den Fall mit der Kundin klären, die uns vorgestern beim Italiener gestört hat?“

„Nun übertreibst du, sie hat uns nicht wirklich gestört. Sie wollte nur etwas klarstellen, und das haben wir gestern Morgen im Büro bereits erledigt.“

„Wer hat ihr eigentlich verraten, dass wir bei Da Claudio zum Essen waren?“, fragte ich weiter.

„Keine Ahnung, das spielt jetzt keine Rolle mehr. Ich muss los, Autos verkaufen, damit es uns weiterhin so gut geht.“ Björn kam auf mich zu und nahm mich in den Arm. „Mach dir nicht immer Sorgen um alles und nichts, es ist alles in Ordnung, okay? Wir sehen uns heute Abend. Hab einen schönen Tag bei deinen Kindern.“

Björn verließ das Haus. Ich begann, aufzuräumen, bevor ich mich auf den Weg ins Krankenhaus machte.

Meine kleine Patientin Franziska hatte seit ihrer Einlieferung kein Wort gesprochen, selbst der kleine Olaf konnte Franziska kein Wort entlocken.

„Na, Franziska, war deine Mama schon hier und hat dich ein wenig aufgemuntert?“

Franziska sah mich an, sprach aber nicht.

„Hast du denn schon etwas zum Frühstück gegessen?“

Ich vernahm ein kleines Kopfschütteln.

„Wir haben Müsli oder auch Toastbrot. Was meinst du, Franziska, magst du das probieren?“

Franziska bewegte sich ganz leicht, es sah aus wie ein zustimmendes Nicken.

„Okay, ich gehe in die Küche und besorge dir etwas.“

Plötzlich rief Olaf aufgebracht: „Ihr Essen steht im Schrank!“

Ich schaute in den Schrank und fragte mit einem Lächeln: „Hat es sich etwa im Schrank versteckt, weil es Angst hat, aufgegessen zu werden?“

Olaf blinzelte mich an und zog dabei gleichzeitig die Schultern hoch. Ich öffnete den Kleiderschrank von Franziska, nahm den Teller heraus und stellte ihn auf den Nachttisch von Franziska.

Ich hielt das Toastbrot an mein Ohr und sprach mit verstellter Stimme: „Hast du dich im Schrank nicht wohlgefühlt? Möchtest du lieber in den warmen Mund von Franziska?“

Ich fragte Franziska: „Franziska, das Toastbrot möchte in deinen Mund. Meinst du, du kannst mal einen kleinen Bissen davon abbeißen und es probieren?“

Franziska setzte sich ein wenig auf und öffnete den Mund.

Ich sprach etwas lauter, wieder mit verstellter Stimme: „Wenn du mich isst, schenke ich dir Kraft, sodass du bald wieder laufen und springen kannst.“

Kaum hatte ich ausgesprochen, riss Franziska die Augen auf, schloss den Mund und verweigerte das Toastbrot.

„Oh je, jetzt muss das Brot wohl wieder weg, wenn du es nicht essen magst. Vielleicht muss ich es sogar heute Abend wegwerfen, weil es sonst schlecht wird."

Franziska schien das völlig egal zu sein. Sie legte sich wieder hin und schloss die Augen. Olaf kommentierte: „Das wars wohl!"

Ich fragte mich, was ich gesagt hatte, dass das Blatt sich wieder gewendet hatte? Ich wollte gerade gehen, als Franziskas Mutter ins Zimmer kam. Sie ging schnurstracks zum Bett und schien mich völlig zu übersehen. Franziska öffnete auch für ihre Mama nicht die Augen.

„Kann sich meine Tochter immer noch nicht bewegen?", fragte sie mich vorwurfsvoll.

„Bitte kommen Sie kurz mit mir hinaus."

Widerwillig folgte sie mir hinaus in den Wartebereich. Dort nahm ich Platz und bat sie höflich, ebenfalls Platz zu nehmen.

Im Warteraum herrschte eine beruhigende Stille, durchbrochen von ganz leisen Gesprächen, während gedämpftes Tageslicht durch die Vorhänge hereinschimmerte. Die Wände waren in einem sanften, gelben Farbton gestaltet, der eine friedliche Atmosphäre schuf. Bequeme Sessel und Sofas standen entlang der Wände, mit einem kleinen Tisch dazwischen, auf dem Zeitschriften und Informationsbroschüren auslagen.

In der Ecke des Warteraums befand sich eine Empfangstheke, an der eine freundliche Rezeptionistin saß, die gerade damit beschäftigt war, Unterlagen zu sortieren. In der Nähe der Tür hing ein Wandbild, das einen wunderschönen weißen Strand zeigte, der zum Träumen einlud.

Die Mutter von Franziska nahm auf einem bequemen Sessel Platz, sichtlich besorgt und nervös. „Frau Popow, wie ich Ihnen gestern bereits mitgeteilt habe, ist das Röntgenbild eindeutig. Ihre Tochter Franziska hat keine Verletzungen durch ihren Sturz aus dem Kirschbaum erlitten. Sie sollte in der Lage sein, sich zu bewegen und sogar zu laufen. Allerdings sorgt ihr derzeitiges Verhalten für Verwirrung – das Schließen der Augen, das Schweigen und die Verweigerung des Essens. Wir vermuten, dass es einen Grund dafür geben muss. Können Sie uns mehr über die Geschehnisse unmittelbar vor dem Sturz berichten?“

Frau Popow senkte den Blick und begann zu erzählen: „Wir hatten Besuch, tranken Kaffee, und Franziska spielte draußen. Plötzlich kletterte sie auf den Kirschbaum und fiel herunter. Sie blieb liegen und stand nicht auf, weinte nicht, sondern starrte einfach in den Himmel. Ich rief sofort den Krankenwagen und wir fuhren ins Krankenhaus.“

Ich nickte verständnisvoll und fuhr fort: „Warum ist Ihre Tochter Ihrer Einschätzung nach aus dem Baum gefallen? Ist sie eine erfahrene Kletterin? Oder gab es irgendetwas, das sie abgelenkt haben könnte?“

Frau Popow seufzte und antwortete: „Ich weiß es nicht. Wie gesagt, wir hatten Besuch, und ich konnte nicht die ganze Zeit auf sie achten. Erst als ich den Aufprall hörte, wurde mir klar, dass etwas passiert war. Kann ich jetzt wieder zu meiner Tochter?“, fragte Frau Popow besorgt.

„Ja, natürlich. Ich hoffe, dass Sie Ihre Tochter dazu bewegen können, zumindest ein bisschen zu essen. Ich habe das Frühstück auf ihrem Nachttisch stehen gelassen. Ach, Frau Popow, ich hoffe, mit Ihrem Auto ist alles wieder in Ordnung?“, fragte ich.

„Bitte, ich verstehe nicht? Wieso mit meinem Auto?“, antwortete Frau Popow verwirrt.

„Nun ja, Sie waren doch bei dem Italiener Da Claudio, um mit meinem Mann zu sprechen“, erklärte ich.

„Das waren Sie? Sie sind Frau Schmid?“ Frau Popow schaute mich nun von oben nach unten an und wieder zurück, als ob sie mich genauestens inspizierte.

„Ja, ich bin Frau Schmid“, sagte ich und zeigte gleichzeitig auf mein Namensschild am Schwesternkittel.

„Ich muss zu meiner Tochter“, sagte sie und lief zurück zum Krankenzimmer von Franziska. Ich wusste nicht genau, warum ich zur Aufnahmestelle ging und die Akte von Franziska Popow aus dem Registerwagen nahm. Ich las die persönlichen Daten. Geburtsdatum von Franziska und ihrer Mutter. Versichert bei der AOK. Der Wohnort von Franziska und ihrer Mutter war ungefähr drei Kilometer Luftlinie von unserem Haus entfernt. Es war möglich, dass ich Frau Popow zuvor im Supermarkt gesehen hatte, und es war möglich, dass sie einen Mercedes im Autohaus Schmid gekauft hatte. Warum sie diese Wahrnehmung gespeichert hatte, wusste sie selbst nicht. Ich kümmerte mich weiterhin liebevoll um meine „kleinen Geister“, wie ich sie nannte, und machte dann pünktlich Feierabend.

Zu Hause angekommen goss ich mir ein kleines Glas Rotwein ein und begann das Abendessen für Björn und mich zu kochen. Während ich das Gemüse putzte, schrie ich plötzlich auf. Ich hatte mir in den Finger geschnitten. Mist, das war ein tiefer Schnitt, und das Blut floss recht stark. Schnell griff ich nach einem Geschirrtuch und wickelte es um meine Hand. Wo um Himmelswillen war das Verbandszeug? Ein einfaches Pflaster würde hier nicht ausreichen, das war mir sofort klar. Ich suchte im Bad nach einer weißen Kiste mit einem Roten Kreuz, wo üblicherweise die Pillen und das

Verbandsmaterial lagen, aber es war nichts zu finden. Panisch öffnete ich Björns Seite des Schranks und Gott sei Dank, da sah ich Verbandsmaterial. Über dem Waschbecken entfernte ich das blutdurchtränkte Geschirrtuch und stellte fest, dass der Schnitt tief war. Ich desinfizierte die Wunde und legte mir einen ordentlichen Verband an.

Als ich den Rest wieder in den Schrank zurücklegen wollte, fiel mir der gesamte Inhalt entgegen. Ausgerechnet jetzt, dachte ich. Während ich alles wieder ordentlich in den Schrank einräumte, entdeckte ich eine Packung starker Schlaftabletten. Von den ursprünglich 50 Tabletten fehlte bereits die Hälfte. Seit wann nahm Björn Schlaftabletten?, fragte ich mich. Ich drehte die Schachtel hin und her – sie war neu und noch zwei Jahre haltbar. Dieses Schlafmittel war ohne Rezept nicht erhältlich. Warum wusste ich nichts davon? Verunsichert ging ich zurück in die Küche und schnippelte das Gemüse weiter.

Ich hatte gerade unsere Gemüsesuppe fertig, als ich schon hörte, wie Björn die Tür aufschloss. Wie üblich zog er als Erstes die Schuhe aus, hängte seine Jacke auf und kam zu mir in die Küche. Unsere Küche war großzügig geschnitten, in den Farben Weiß und Schwarz, bestand nur aus einer Unterzeile ohne Hängeschränke und einem Kochblock in der Mitte mit Gaskocher und elektrischen Platten. Auf der anderen Seite des Kochblocks befanden sich Schränke für unser Geschirr und zwei Schubladen für das Besteck.

„Oh, das riecht aber lecker! Nanu, was hast du denn gemacht? Hoffentlich liegt die Fleischanlage nun nicht in der Suppe?“, bemerkte Björn.

„Falls das ein Scherz sein sollte, lache ich später“, antwortete ich.

„So schlimm?“, fragte Björn nun etwas sanfter.

„Ja, ich habe mir einen tiefen Schnitt zugefügt.“

„Dann lass dich mal trösten.“ Björn nahm mich liebevoll in den Arm. „Geht es meiner lieben Frau nun besser?“ fragte er sarkastisch.

„Verzeih mir, aber mir ist gerade nicht nach Lachen zumute.“

„Oh, Madame hat schlechte Laune?“

„Nein, du hörst mir nicht zu. Ich habe mich geschnitten, und die Wunde ist tief.“

„Ja, deshalb muss man doch nicht gleich ein Fass aufmachen, oder? Du hast dich doch bestens versorgt. Wollen wir nun weiter streiten?“

„Ich streite nicht“, erwiderte ich. „Ich hätte mir nur mehr Mitgefühl gewünscht.“

„Ich gehe lieber wieder, dann kannst Du deine schlechte Laune pflegen“, sagte Björn.

„Björn, warte bitte. Was ist nur los mit uns? Bis vor zwei Tagen war doch noch alles in Ordnung. Was ist passiert? Das belastet mich. Du hast Geheimnisse vor mir.“

„Was redest du da? Was für Geheimnisse soll ich vor dir haben?“

„Na ja, beim Essen mit der Kundin? Du nimmst Schlaftabletten, und ich weiß nichts davon?“

„Schnüffelst du in meinen Sachen herum? Ich glaube, es geht los. Die Sache mit der Kundin habe ich dir erklärt. Die ist aus der Welt geschafft. Sonst noch was?“

„Ja, wo warst du gestern? Mit Manfred warst du auf jeden Fall nicht weg, der saß nämlich schön zu Hause bei Meike. Also, wo warst du bis Mitternacht gestern?“

Björn sah mich mit großen Augen an, räusperte sich – seine Art, wenn er eine Situation als unangenehm empfand. „Kathrin, hör auf!“, bat er.

„Nein, ich will es jetzt und hier wissen.“

„Okay, ich werde mich von dir trennen.“

Ich weiß nicht mehr, wie lange wir uns einfach nur gegenüberstanden und uns anschauten. Schließlich fand ich als Erste meine Sprache wieder. „Du meinst, du willst dich von mir scheiden lassen?“

„Ich sprach von trennen. Ich weiß noch nicht, ob ich mich scheiden lassen möchte“, erklärte Björn.

„Wann wirst du es wissen? Wovon ist das abhängig? Hast du eine andere Frau?“, fragte ich, meine Gedanken wirbelten wild durcheinander.

„Bitte lass uns in Ruhe und vernünftig miteinander umgehen. Eine Scheidung wäre mir zu teuer“, unterbrach mich Björn.

„Vom Geld ist es abhängig? Ich erkenne dich nicht wieder. Was ist passiert, dass du dich trennen möchtest?“

„Ich habe eine andere Frau kennengelernt“, gestand Björn.

„Wann? Seit wann betrügst du mich?“

„Kathrin, hör auf. Ich werde dir nichts sagen, aus Rücksicht, um dich nicht zu verletzen.“

„Du bist das Letzte“, sagte ich, ging ich ins Bad und schloss mich ein. Auf dem Badewannenrand sitzend fing ich bitterlich an zu weinen. Für mich brach eine Welt zusammen. Es hämmerte in meinem Kopf immer und immer wieder, Björn will sich scheiden lassen, Björn will sich scheiden lassen. Warum? Hat er eine andere Frau, weil ich nicht mehr gut genug bin? Ich darf nicht aufgeben. Ich muss um Björn kämpfen. Ich darf nicht aufgeben. Ich schloss die Badezimmertür wieder auf und kehrte zurück in die Küche. Björn saß seelenruhig am Tisch und aß seine Suppe. Ich setzte mich gegenüber.

„Es tut mir leid, dass ich es dir nicht anders sagen konnte“, entschuldigte sich Björn.

Ich holte ein Weinglas für ihn und goss ihm Rotwein ein. Wir tranken, ohne ein Wort zu reden.

3.
Verzeih, ich kann nicht anders

Am nächsten Morgen stand ich wie immer auf und ging zur Arbeit. Meine kleinen Patienten lenkten mich ab. Frau Popow besuchte wie jeden Tag ihre Tochter. Franziska aß nun, schwieg jedoch beharrlich weiter und bewegte sich nicht. Ich verfasste einen Bericht für unsere Kinderpsychologin. Mir war klar, dass ich hier nichts mehr tun konnte. Der Vormittag verging wie im Flug. Pünktlich ging ich nach Hause und besorgte vorher noch frische Zutaten für eine Tomatensuppe für mich und Björn.

Zu Hause angekommen, wechselte ich den Verband an meinem Finger. Danach kochte ich mir einen starken Kaffee und versuchte nachzudenken, wie es weitergehen sollte. Ich konnte nicht richtig denken, immer wieder fing ich an zu weinen. Ich brauchte Zeit, um mit der Situation fertig zu werden. Ich brauchte einfach Zeit. Björn kam pünktlich nach Hause, und die angespannte Atmosphäre zwischen uns schien sich nicht zu verbessern. Diese Spannung wurde für mich unerträglich. Während die Suppe sanft vor sich hin köchelte, stellte ich den Herd aus und begab mich ins Badezimmer. In der Ferne hörte ich Björn rufen: „Kannst du mir bitte auf dem Rückweg auch ein Schlückchen Rotwein einschenken?“

„Ja, ich komme gleich“, antwortete ich.

Im Badezimmer griff ich nach der Packung Schlaftabletten und entnahm zwei davon. Die Tabletten brannten regelrecht in meiner Handfläche. Ich griff nach einem Glas aus dem Vitrinenschrank im Wohnzimmer, zerdrückte die beiden Schlaftabletten und füllte das halbe Glas mit Rotwein auf. Mit dem Finger rührte ich die Mischung um.

Zurück in der Küche reichte ich Björn das Glas und sagte: „Na dann, Prost."

Björn leerte das Glas fast in einem Zug. Danach wankte er ins Schlafzimmer und legte sich schlafen.

Als die Tomatensuppe endlich fertig war, hatte ich keinen Hunger mehr. Mir war der Appetit vergangen.

Gegen 20 Uhr ging ich ins Schlafzimmer, um Björn zu wecken. „Hallo Schatz, es ist Zeit zum Essen." Ich rüttelte ihn. Er verdrehte die Augen und stöhnte leicht. „Schatz, das wird gleich besser. Dein Kreislauf ist etwas schwach. Komm, ich helfe dir, dich aufrecht hinzusetzen." Ich versuchte, Björn hochzuziehen, aber er fiel immer wieder um. „Komm, Björn, hilf mit." Vorsichtig klatschte ich ihm ins Gesicht. „Na, endlich, da bist du ja. Komm, wir wollen essen. Ich habe für uns gekocht, wie ich das ja immer gemacht habe. Nur dir reicht das ja nicht."

Björn lief Speichel aus dem Mund. Ich wischte ihm den Speichel mit einem Taschentuch ab. Sein Kopf fiel erneut zur Seite.

„Björn, reiß dich doch zusammen!“, schrie ich fast. Er war einfach zu schläfrig. Ich ließ ihn in Ruhe. In dieser Nacht schlief ich im Wohnzimmer auf unserem Sofa.

Nächsten Morgen wurde ich vom Klingeln des Telefons geweckt. „Schmid“, meldete ich mich und sah nebenbei auf meine Armbanduhr, es war bereits 10 Uhr morgens.

„Hallo Kathrin, ich bin es, Kai. Weißt du, wo Björn steckt?“

„Ja, klar weiß ich das. Er liegt mit einer dicken Erkältung im Bett. Es hat ihn echt doll erwischt, den Armen. Halsweh, Fieber, na ja, eine richtige Grippe halt. Kein Männerschnupfen. Er wollte eigentlich heute Morgen dir noch Bescheid sagen, dass er nicht zur Arbeit kommen kann, aber wahrscheinlich war er schon zu kaputt dafür“, antwortete ich. „Ich tippe darauf, dass er mindestens fünf Tage krank sein wird.“

„Oh, Shit, na ja, da kann man nichts machen. Dann richte meinem Bruder gute Besserung aus.“

„Das mache ich gerne. Ich kümmere mich erst einmal um ihn. Kai, und liebe Grüße auch an Else meiner Schwiegermutter. Sag ihr bitte auch, dass Björn krank ist.“

„Wird gemacht Kathrin, mach’s gut!“

Ich kehrte ins Schlafzimmer zurück, wo Björn versuchte, wach zu werden. Nach etwa einer weiteren Stunde war er leicht ansprechbar.

„Schönen Gruß von Kai. Er hat gerade angerufen. Du wolltest dich doch heute Morgen bei ihm melden und dich in der Firma krankmelden. Na ja, nicht schlimm, ich habe das nun für dich erledigt. Die nächsten fünf Tage sind wir erst einmal ungestört und können in Ruhe überlegen, wie es mit uns weitergehen soll. Ich verspreche dir, Björn, morgen gebe ich dir etwas weniger von dem Schlafmittel. So, nun mach erst einmal den Mund auf. Hm, es gibt noch leckere Tomatensuppe von gestern."

Björn stöhnte auf.

„Nun lass uns erst mal in Ruhe essen."

Björn versuchte zu sprechen, aber es hörte sich nur nach undefinierbarem Lallen an. Er schluckte jedoch brav die Suppe herunter. Danach rutschte er aus seiner aufrechten Position und schlief wieder ein.

Um Björn nicht zu stören, ging ich ins Wohnzimmer und setzte mich gemütlich auf meinen Lieblingsplatz. Das war ein Fensterplatz mit einem breiten Sitzkissen. Das Wohnzimmer hatte ich alleine eingerichtet, während Björn zu der Zeit geschäftlich in Sindelfingen unterwegs war. Das Sofa war hellbeige, und Björn konnte nicht verstehen, wie man so eine empfindliche Couch kaufen konnte. Die Wände hatte ich leicht rosa gestrichen. Zu der Zeit malte ich noch viel, und ich hatte viele florale Bilder von mir aufgehängt. Schränke im herkömmlichen Sinn hatten wir nicht, nur einen sehr alten Sekretär aus Eibe und eine passende Vitrine für Gläser, die ich von meinen Eltern geerbt hatte. Das Prunkstück im Wohnzimmer war jedoch ein großer weißer Kachelofen. Wir liebten unser gemütliches Wohnzimmer.

Was mir missfiel, war die Gewissheit, dass dieses Leben wohl bald ein Ende haben würde und ich nicht einmal den Grund dafür kannte. Entschlossen stand ich auf, ging zum Esstisch und griff nach Björns Handy.

Dennoch hatte ich ein schlechtes Gewissen, als ich es in die Hand nahm. Fingerprint! Ich ging ins Schlafzimmer, nahm Björns rechten Daumen und entsperrte sein Handy. Dann setzte ich mich mit dem Handy in der Hand wieder auf meinen Fensterplatz. Ich schaute mir die WhatsApp-Nachrichten an, aber daraus ging nicht hervor, dass Björn eine Geliebte hatte. Ich schaute in die Kontakte, und es gab viele Einträge wie T.G., U.P. oder nur den Buchstaben C. So kam ich nicht weiter, zumal Freunde und Geschäftspartner nicht getrennt waren. Ich schaute in seinen Kalender. An dem Tag, an dem Björn behauptet hatte, er sei mit Manfred einen trinken gegangen, stand tatsächlich Manfred drin. Hatte Meike sich vielleicht geirrt? Ich blätterte im Kalender zurück und Manfred tauchte mehrmals zu unterschiedlichen Zeiten auf. Da ich selber keinen Kalender über einen längeren Zeitraum führte, konnte ich nichts abgleichen, und ich konnte mich auch nicht erinnern, ob das Tage waren, an denen ich mich mit einer Freundin getroffen hatte. Dann durchstöberte ich die Galerie. Wenn man eine Freundin hat, fotografiert man sie doch auch, oder? Nichts. Es gab wenige Aufnahmen, bei denen ich die fotografierten Personen nicht kannte. Das waren meistens sogar Männer, sicher Geschäftspartner. Die E-Mails waren größtenteils verschlüsselt. Wo konnte ich denn bloß noch nachschauen?, fragte ich mich selbst. Ich fand nichts. Ich legte das Handy wieder an seinen Platz.

Danach wusch ich mich und legte mich neben Björn, der immer noch ruhig und gleichmäßig atmete.

Am nächsten Tag wollte ich gerade, kurz vor meinem Feierabend, den Bericht über Franziska von unserer Kinderstation bei der Psychologin Sabine abgeben. Die Verbindung zu ihr erstreckte sich bereits über drei Jahre, und ich schätzte nicht nur sie selbst, sondern auch ihre hervorragende Arbeit außerordentlich. Sabine nutzte die Gelegenheit und fragte mich: „Wie ist dein Eindruck von Franziska, Kathrin?“

„Schwer zu sagen, ich glaube, sie bekommt alles mit, aber genau dagegen wehrt sie sich. Sie will vieles irgendwie nicht.“

„Lacht sie oder weint?“

„Am Anfang ja, aber jetzt macht sie einfach die Augen zu.“

„Wie ist das Verhältnis zu ihrer Mutter?“

„Die Mutter gibt sich die Schuld daran, dass Franziska aus dem Baum gefallen ist.“

„Weißt du, was der Vater macht?“

„Keine Ahnung“, antwortete ich. „Den habe ich noch nie gesehen. Im Aufnahmeblatt steht nichts von einem Vater. Soll ich mal nachfragen?“

„Nee, brauchst du nicht, Kathrin. Ich lade einfach Frau Popow und Herrn Popow zusammen ein.“

„Gute Idee, dann werde ich mich mal auf den Feierabend vorbereiten.“

„Ist alles bei dir okay, Kathrin? Du siehst müde und abgespannt aus.“

„Ja, halt der normale Stress. Vielleicht sollte ich wirklich mal wieder mit Björn ans Meer fahren.“

„Mach das und liebe Grüße unbekannterweise.“

Ich ging nur noch mal auf die Kinderstation, um meinen Mantel zu holen, da bekam ich ein Gespräch mit Frau Popow mit, die zu ihrer Tochter Franziska sprach. „Bitte, Franzi, glaub mir, es tut mir sehr, sehr leid, was passiert ist. Bitte rede doch mit mir und steh doch bitte auf.“

„Nein, ich kann nicht mehr aufstehen. Meine Beine sind kaputt. Ich muss in den Rollstuhl oder getragen werden.“

„Um Gottes willen, Franzi, wie kommst du denn darauf?“

„Ich habe das mal gehört, und das ist nicht schlimm.“

„Franzi, es ist schlimm. Du musst laufen und springen, tanzen, Freude am Leben haben, hörst du?“

Von Franzi kam keine Antwort mehr.

Ja, Freude am Leben hätte ich auch gerne wieder, dachte ich. Ich begab mich direkt auf den Weg nach Hause. Heute Morgen hatte ich Björn nur eine halbe Schlaftablette gegeben und hoffte inständig, dass dies ausreichen würde, dass er weiterhin in einem Dämmerzustand blieb. Mit Mantel betrat ich das Schlafzimmer und öffnete erwartungsvoll die Tür. Björn lag mit dem halben Oberkörper aus dem Bett.

„Was ist denn, Liebling? Was machst du denn für Sachen?“, fragte ich besorgt.

„Ich muss aufs Klo. Oh, ich kann nicht mehr“, stöhnte Björn.

„Warte, ich helfe dir.“ Ich schlug die Bettdecke zurück und sah, dass Björn sich bereits eingemacht hatte. Ein beißender Gestank drang hervor. Ich versuchte, ihn aufzurichten. „Du musst mir schon helfen. Leg deine Arme um meinen Hals. So ist gut, und nun schön langsam Schritt für Schritt.“

Ich setzte Björn auf die Toilette, und er stöhnte erneut auf. „Mir ist so schwindelig, so schw..."

„Halt durch, Björn. Hörst du mich? Mach die Augen auf!"

Ich nahm einen eiskalten Waschlappen und fuhr Björn damit durchs Gesicht. Er öffnete die Augen einen Spalt und verrichtete sein Geschäft. Ich musste grinsen. Björn hatte es nicht gern, wenn ich kurz etwas aus dem Bad holen wollte und er auf der Toilette saß. Er empfand das als eine Intimverletzung zwischen Ehepartnern.

Ich ließ Björn alleine im Bad, ließ jedoch die Tür offenstehen. Anschließend bezog ich das Bett neu und beschloss, morgen Windeln zu kaufen, um zu verhindern, dass so etwas noch einmal passierte. Es war mir klar, dass die Schlaftabletten schwer zu dosieren waren, schließlich durfte ich nicht riskieren, dass er zu früh aufwachte.

Ich kehrte ins Bad zurück und weckte Björn, der auf der Toilette wieder eingeschlafen war. Ich legte seine Arme um meinen Hals und zog ihn mehr, als dass er gehen konnte, zurück ins Bett. Zum Glück war unser Badezimmer en-suite, wunderschön eingerichtet wie ein ägyptischer Wellness-Tempel. Die frei stehende Badewanne mit goldenen Füßen, das muschelförmige Waschbecken, die Wandfarben zwischen Gelb und Gold, der in goldene Ornamente eingefasste Spiegel vor einer türkisfarbenen Bank als Ablagefläche neben einer raumhohen Aphrodite – ein Traumbadezimmer.

Na gut, dachte ich, wenn er wieder schläft, gibt es die restliche Suppe von gestern eben später.

Da ich gestern nicht weitergekommen war und immer noch im Unklaren darüber war, warum Björn sich von mir trennen wollte, nahm ich mir heute die Kontoauszüge vor. Björn und ich hatten getrennte Konten sowie ein gemeinsames Haushaltskonto. Jeder von uns zahlte monatlich 1500 Euro auf dieses Konto ein, und von den insgesamt 3000 Euro bestritten wir unseren Lebensunterhalt. Ich nahm die letzten Kontoauszüge von Björns Konto und blätterte sie durch. Mir fiel nichts Außergewöhnliches auf. Wenn wir essen gingen, zahlte Björn oft mit seiner Karte von diesem Konto. Die Abbuchung von „Da Claudio" war die letzte Buchung, und ich blätterte weiter zum Monatsanfang: Sprit, Kreditkartenabrechnung, Herrenausstatter, Friseur, Blumengeschäft, Dauerauftrag aufs Sparbuch – alles schien normal zu sein. Hatte Björn mich angelogen? War das alles nur einer seiner schlechten Scherze? Die Frage quälte mich, und ich schämte mich für mein Verhalten, als eine innere Stimme mich darauf aufmerksam machte, dass mein Mann angeblich mit Manfred in der Kneipe war. Wo war er dann wirklich gewesen?

Ich stand auf, wärmte die restliche Suppe auf und fütterte Björn erneut. Diesmal schien es besser zu gehen. Obwohl es ihm schwerfiel, die Augen zu öffnen, verschluckte er sich nicht so oft, und es gab auch keine Kleckerei.

„Björn, weißt du, wer ich bin?“, fragte ich vorsichtig.

„Kathrin“, antwortete er lallend.

„Wo sind wir?“

„Zu Hause.“

„Ja, genau. Du bist krank, Björn. Ich pflege dich, und das mache ich sehr gerne, denn du bist mein Mann. Ich liebe dich sehr! Liebst du mich auch?“

„Ja“, sagte Björn. Bevor er wieder einschlief, lallte er ein Wort, welches so ähnlich klang wie „Navi“. „Bitte, Björn, ich habe dich nicht verstanden?“

Er war wieder eingeschlafen. Das brachte mich jedoch auch nicht weiter.

Am vierten Tag gab ich Björn vor meiner Arbeit noch weniger von der Schlaftablette. Auf der Kinderstation konnte ich mich kaum konzentrieren, da die Sorge in mir wuchs, dass ich ihm vielleicht zu wenig davon gegeben hatte. Die Angst trieb mich dazu, schneller voranzukommen, um herauszufinden, mit wem Björn mich betrog. Daher beantragte ich vier Tage Urlaub, und als Grund gab ich an, dass mein Mann an einer schweren Grippe leidet und meine Pflege benötigt.

Nachdem ich das Personalbüro verlassen hatte, sprach mich die Kinderpsychologin Sabine an. „Hallo Kathrin, hast du kurz Zeit für mich?"

„Ja, natürlich, worum geht es denn?", antwortete ich.

„Ich habe vor einer Stunde mit der Mutter von Franziska telefoniert, um sie und ihren Mann zu einem gemeinsamen Gespräch einzuladen. Sie hat mir mitgeteilt, dass sie alleinerziehend ist. Da sie mir sehr gesprächig erschien, habe ich sie noch einmal gebeten, den Vorfall zu schildern, wie es zu dem Unfall kam und warum Franziska behauptet, sie könne nicht gehen. Frau Popow erzählte mir dasselbe wie dir, Kathrin, und zwar mit den exakt gleichen Worten. Das klang für mich wie auswendig gelernt oder abgesprochen. Ich habe sie um Erlaubnis gebeten, den Tag des Unfalls mit unseren Puppen nachzuspielen, allerdings mit vertauschten Rollen – Franziska wird die Mutter und die Mutter wird zu Franziska. Ich wollte dich fragen, ob du den Besuch nachspielen könntest."

„Ja, wann soll das denn stattfinden?"

„Wir haben uns für morgen um 10 Uhr bei mir im Büro verabredet."

„Oh, ich habe gerade ab morgen Urlaub beantragt, mein Mann ist krank, er hat eine schwere Grippe."

„Ach, wie schade. Ich hätte dich gerne dabeigehabt."

„Weißt du was, ich komme einfach. Die zwei Stunden, die ich eventuell weg bin ... Es wird schon nichts passieren“, schlug ich vor.

„Das finde ich großartig, Kathrin. Dann bis morgen früh um 10 Uhr.“

„Tschüss, bis dann“, antwortete ich.

„Hallo Schatz!“, rief ich laut, als ich unser Haus betrat. „Wie geht es dir heute?“

„Hallo, es geht, nur ich habe solche Kopfschmerzen“, antwortete Björn.

Oh nein, dachte ich, was soll ich ihm denn nun erzählen? „Ich komme gleich zu dir, Schatz. Ich bringe nur schnell die Einkäufe in die Küche und ziehe meine Schuhe aus“, erklärte ich.

Ein dumpfes Stöhnen drang aus dem Schlafzimmer. Scheiße, Scheiße, dachte ich und öffnete die Tür zum Schlafzimmer. Dort saß Björn aufrecht im Bett und hielt sich ein Kühlpad auf die Stirn. „Na, wie geht es dir heute? Schon etwas besser?“

„Ich habe solche Kopfschmerzen, und ich schlafe immer wieder ein. Es fällt mir verdammt schwer, aufzustehen. Was habe ich denn?“, fragte Björn besorgt.

„Liebling, ich denke, du hast eine schwere Grippe. Ich habe extra ab morgen vier Tage Urlaub eingereicht, um bei dir zu sein und dich zu pflegen.“

„Wie lieb von dir. Kannst du mir helfen, um auf die Toilette zu kommen?“

„Ja, natürlich.“ Ich hakte mich bei Björn unter, und wir gingen ganz langsam Richtung Toilette.

„Ab hier komme ich alleine klar“, antwortete er. „Ich rufe dich, wenn alles erledigt ist.“

Ich blieb vor der Tür stehen und zitterte am ganzen Körper. Plötzlich rief Björn: „Bitte hilf mir, mir wird schlecht.“

Ich öffnete die Badezimmertür und half ihm zurück ins Bett. Er fiel fast ins Bett und schlief sofort wieder ein. Puh, Glück gehabt, dachte ich nur. Ab morgen früh gibt es wieder ein wenig mehr von der Tablette.

Heute aß ich allein zu Abend. Ich genoss die Stille und die Ruhe. Ich ging früh ins Bett.

Das Telefon klingelte und riss mich aus meinem Tiefschlaf. Ich begab mich ins Wohnzimmer und entdeckte das Telefon auf dem Wohnzimmertisch. „Schmid“, meldete ich mich.

„Hallo Kathrin, ich muss dringend mit Björn sprechen. Gib ihn mir bitte kurz“, bat Kai.

„Kai, das geht nicht. Björn schläft noch. Ich möchte ihn nicht wecken; er ist gestern spät eingeschlafen. Ich habe mir extra für die nächsten Tage freigenommen, um mich um ihn zu kümmern.“ „Du hast doch gesagt, er hat nur eine Grippe?“, erkundigte sich Kai.

„Ja, aber eine sehr schwere.“

„Egal, wann er aufwacht, er soll mich anrufen! Es ist sehr wichtig! Oder soll ich vorbeikommen?“

„Nein, nein, das ist nicht nötig. Ich kümmere mich um ihn. Ich werde es ihm sagen, okay?“

„Okay, Kathrin, es ist wichtig!“

„Ja, habe ich verstanden. Tschüss, Kai.“

Ich legte den Hörer auf, und meine Schläfe pochte wie wild. Was zum Teufel sollte ich nun machen? Ich entschloss mich erst einmal, für Björn Frühstück zuzubereiten und die Tablette im Kaffee aufzulösen. Als ich das Frühstückstablett mit zwei köstlich duftenden Toastbroten, großzügig mit Marmelade bestrichen, einem frischen Orangensaft und dampfendem Kaffee ins Schlafzimmer balancierte, fand ich Björn aufrecht im Bett. Sein Gesicht verriet Anstrengung und Unbehagen. „Oh, Mann, was ist nur mit mir? Ich habe immer noch diese quälenden Kopfschmerzen und diese erschöpfenden Müdigkeitsanfälle.“

„Guten Morgen, Björn. Dich hat es wirklich heftig erwischt. Deshalb habe ich mir für die nächsten vier Tage freigenommen, um mich ganz um dich kümmern zu können.“

„Wer war das am Telefon?“, erkundigte sich Björn, während er sich die Hand an die Stirn legte.

„Das war Kai. Du sollst ihn unbedingt zurückrufen. Ich weiß allerdings nicht, worum es geht.“

„Kannst du mir bitte das Telefon bringen?“

Ich reichte Björn das Telefon, wählte Kais Durchwahl und während des Telefonats konnte ich nur die gedämpften Antworten von Björn vernehmen. Das

Gespräch schien ihm Mühe zu bereiten; er stöhnte und antwortete: „Ja, das mache ich, sobald es mir besser geht. Nein, ich weiß nicht. Entschuldigung, ich habe solche Kopfschmerzen. Ja, ganz bestimmt.“ Dann gab er mir das Telefon zurück, ohne ein weiteres Wort zu verlieren.

Ich brachte das Telefon zurück ins Wohnzimmer und kehrte mit dem zubereiteten Frühstückstablett zurück. Björn genoss zwei Toasts mit Marmelade, nippte am erfrischenden Orangensaft und trank den von mir zubereiteten Kaffee, in dem ich eine Schlaftablette aufgelöst hatte. „Björn, ich muss für etwa zwei Stunden in die Klinik. Ich nehme dein Auto, ich muss unbedingt tanken fahren, die Zeit möchte ich mir heute sparen. Ist das okay?“

„Ja, mach das“, murmelte Björn, während er sanft in die Kissen zurückrutschte. Ich räumte schnell noch ein paar Kleinigkeiten auf und stieg in Björns Mercedes. Vor der Klinik angekommen, durchsuchte ich das Handschuhfach nach der Parkscheibe und entdeckte dabei ein Handy. Neugierig zog ich es heraus. Vier Anrufe in Abwesenheit. Dieses Handy funktionierte nicht mit einem Fingerprint, sondern mit einem sechsstelligen Zahlencode. Oh nein, Björn, das ist der Grund, warum ich nichts gefunden habe. Warum machst du das?

Ich musste aussteigen, um rechtzeitig bei der Kinderpsychologin zu sein.

Frau Popow war bereits mit Franziska da, und auch Sabine, die Kinderpsychologin, wartete schon auf mich. Ich entschuldigte mich und schob meinen kranken Mann vor, der im Bett lag. Frau Popow schaute zu Boden, Franziska sagte keinen Ton.

Die Kinderpsychologin kam gleich zum Punkt. Sie gab Franziska eine große Puppe, die ihre Mutter, also Frau Popow, darstellen sollte. Frau Popow erhielt die kleine Puppe, die Franziska darstellen sollte. Ich bekam eine große männliche Puppe. Wir saßen alle an einem runden Tisch und Sabine hatte Bäume und ein Haus auf eine grüne Decke gestellt, der wie Rasen aussah. Frau Popow (Franziska) spielte zunächst im Gras. Dann kam Franziska (Frau Popow) aus dem Haus, verstellte ihre Stimme und versuchte, den Tonfall ihrer Mutter zu treffen. „Franziska, ich bekomme gleich Besuch. Geh bitte in den Garten spielen."

Franziska (Frau Popow) ging auf die Wiese und setzte sich hin. Dann sprach Franziska (Frau Popow) ganz laut: „Nein, das lasse ich mir nicht gefallen! Sieh dir doch das Kind an, es braucht nicht nur Schuhe, sondern auch einen Vater."

In diesem Moment kletterte Franziska (Frau Popow) in den Kirschbaum. Ich spielte, den Besucher und sagte: „Ja, das verstehe ich!"

Franziska schrie: „Nein, das hat er nicht gesagt. Er hat gesagt, fahr sie mit dem Rollstuhl, dann braucht sie keine Schuhe."

Es herrschte absolute Stille. Frau Popow fand als Erste ihre Sprache wieder: „Nein, Franziska, du hast dich verhört. Dein Vater hat gesagt, und dabei hat er gelacht: Fahr sie im Rollstuhl, dann braucht sie keine Schuhe mehr und ist sogar schneller unterwegs."

Wir schauten uns alle verblüfft an. Franziska, von starken Emotionen übermannt, fing an zu weinen. „Er soll nicht mehr kommen. Ich will ihn nie wiedersehen", schluchzte Franziska.

Frau Popow, mitfühlend und liebevoll, ging zu ihrer Tochter und nahm sie zärtlich in den Arm. „Ach, Schatz, du bist noch zu klein, um alles zu verstehen. Aber ich verspreche dir, wenn du deinen Vater nicht mehr sehen möchtest, dann werde ich es ihm sagen, dass er uns nicht mehr besuchen soll. Okay?"

Franziska nickte heftig und fühlte sich in den schützenden Armen ihrer Mutter geborgen. „Ich möchte nun nach Hause", verkündete Franziska mit einem Hauch von Entschlossenheit. „Und Hunger habe ich auch."

„Na, dann ist ja fast alles wieder in Ordnung", sprach Sabine aufmunternd.

Ich erhob mich, um mich von den dreien zu verabschieden, und wünschte ihnen eine gute Heimfahrt.

4.
Viele Fragen – keine Antworten

Ich setzte mich in Björns Auto fuhr nach Hause. Zu Hause angekommen, blieb ich noch im Auto sitzen und holte erneut das Handy aus dem Handschuhfach. Ich versuchte, das Handy mit verschiedenen Codes zu entsperren – zuerst Björns Geburtstag, dann meine eigenen Geburtsdaten, gefolgt vom Hochzeitstag. Doch alle Versuche waren erfolglos. Die Geburtsdaten meiner Schwiegermutter erwiesen sich ebenfalls als Sackgasse. Schließlich probierte ich den simplen Code „123456" – Bingo! Der Sperrcode funktionierte. Nicht gerade sehr einfallsreich, dachte ich, während ich prüfte, wer die Anrufer in Abwesenheit waren.

Eine unbekannte Nummer erschien vier Mal auf dem Display, offensichtlich nicht im Handy gespeichert, da nur die Telefonnummer ohne dazugehörigen Namen angezeigt wurde. Ich speicherte die Telefonnummer unter dem Namen „Unbekannt" in meinem eigenen Handy ab. Anschließend durchsuchte ich das Telefonbuch, fand jedoch nur Kais Nummer – er war der Bruder von Björn – und sonst nichts. Warum besaß Björn dann dieses Handy? Es gab keine Sprachnachrichten, keine WhatsApp-Nachrichten – ein Rätsel, das mich verwirrte. Ich legte das Handy zurück ins Handschuhfach, verriegelte das Auto und öffnete die Haustür. So viele Fragen, und bisher keine Antworten.

Björn schlief noch tief und fest. Ich versuchte, die von mir abgespeicherte Telefonnummer „unbekannt“ mit einer Rückwärtssuche über Google zu ermitteln, aber leider gab es kein Ergebnis. Ich war kurz davor anzurufen, aber um ehrlich zu sein, traute ich mich nicht, im Beisein von Björn zu telefonieren, selbst wenn er fest schlief.

Um mich abzulenken, erledigte ich die unangenehmen Aufgaben, wie das Abheften von Kontoauszügen und Rechnungen die heute im Briefkasten lagen. Als alles ordentlich sortiert war, nahm ich mir Björns Kontoauszüge vor, um sie ebenfalls abzulegen. Dabei fiel mir eine Kartenzahlung über 126,50 Euro auf – eine Abbuchung vom Restaurant „Le Feu“ an dem Tag, an dem Björn behauptete, er sei mit Manfred unterwegs gewesen. Mir war dieses Restaurant völlig unbekannt. Es fühlte sich wirklich abgebrüht an, mich zu belügen und gleichzeitig in der gleichen Stadt mit seiner Geliebten Essen zu gehen. Ehrlich gesagt, hätte ich von Björn mehr Feingefühl und Takt erwartet. Der Name des Restaurants, „Le Feu“ – das Feuer –, erschien mir seltsam passend. Eine Welle von Emotionen übermannte mich, und ich fing still an zu weinen. Ich ließ alles stehen und liegen, ging in unser Wohnzimmer und setzte mich an meinen Lieblingsplatz auf die Fensterbank. Warum hatte ich geglaubt, dass alles in

Ordnung war? Nie hätte ich mir vorstellen können, dass mein Traummann mich betrügt und nun auch noch die Trennung will. Ich wusste, dass ich Björn nicht weiterhin Schlaftabletten geben konnte, um herauszufinden, was in unserer Ehe schiefgelaufen war. Die Tatsache, dass er 126 Euro für ein Essen mit jemandem ausgegeben hatte, verletzte mich. Er besaß ein Handy, das er im Auto versteckte. Ich musste noch unbedingt diese Telefonnummer überprüfen.

Ich nahm mein Handy, ging in den Keller und wählte die Nummer, die Björn viermal vergeblich versucht hatte, zu erreichen. Nach unzähligen Klingeln, ich war kurz davor, aufzulegen, meldete sich ein Mann mit tiefer Stimme: „Warum hast du dich nicht gemeldet?“ Ich blieb stumm. „Hallo, ich werde morgen den Auftrag ausführen! Ab jetzt keine Anrufe mehr!“ Der Mann legte auf.

Ich stand sprachlos im Keller. Was war das denn? Welchen Auftrag sollte der Mann ausführen? Was sollte das alles? Kopfschüttelnd ging ich wieder in unsere Wohnung. Ich schaute ins Schlafzimmer, Björn schlief noch. Ich ließ ihn schlafen.

Am nächsten Morgen rief Björn laut nach Kathrin. Keine Antwort. Er quälte sich aus dem Bett, um nachzusehen, wo Kathrin war. Er hatte wieder Kopfschmerzen. Es war 5 Uhr und 3 Minuten auf der Uhr im Wohnzimmer. Hatte Kathrin ihm nicht erzählt, dass er krank sei und sie sich Urlaub genommen hätte? Das Denken fiel ihm schwer. Er legte sich wieder ins Bett und wachte erneut gegen neun Uhr auf.

Er wankte ins Bad, verrichtete seine Morgentoilette und stellte sich unter die kalte Dusche, um einen klaren Kopf zu bekommen. Gerade als er sich abgetrocknet hatte, klingelte das Telefon. Er sah, dass es Kais Büronummer war.

„Hey Kai, was gibt‘s?"

„Mensch, Alter, was ist los mit dir? Hast du immer noch die Grippe?"

„Ich weiß es nicht, aber ich fühle mich echt schlecht, wie durchgeprügelt und schlapp. Na ja, Kathrin wird dich schon hochpäppeln."

„Die ist gar nicht da. Weißt du, wo sie ist?"

„Nee, wir haben auch andere Sorgen, falls du dich erinnerst."

„Hä, wovon redest du? Ich stehe gerade auf der Leitung, ich habe einen Kopf wie eine Gasuhr."

„Björn, ich brauche dich hier! Ich kann das nicht alleine abwickeln", flüsterte Kai fast.

„Ja, ich sehe zu, dass ich morgen zur Arbeit komme. Tschüss, Kai."

„Mach's gut, Alter!", antwortete Kai.

Alter ist gut, dachte Björn, während er in die Küche ging, um sich einen Kaffee zu kochen. Hunger verspürte er auch. Er aß ein einfaches Müsli ohne Früchte. Nach drei Löffeln war er schon satt. Hm, wo war Kathrin? Vielleicht einkaufen?

Als Kathrin um 15 Uhr immer noch nicht zu Hause war, rief Björn im Krankenhaus auf der Kinderstation an. Dort teilte man ihm mit, dass Kathrin seit vorgestern Urlaub genommen hätte, um sich um ihren Mann zu kümmern. „Ja, das stimmt, ich war sehr krank, nun geht es mir wieder besser", erklärte Björn.

„Sicher ist sie nur etwas erledigen und kommt gleich wieder", sprach eine Schwester beruhigend.

„Ja, bestimmt", antwortete Björn und legte auf.

Björn entschied sich, Kathrin auf ihrem Handy anzurufen. Das Klingeln ertönte im Wohnzimmer auf Kathrins Lieblingsplatz in der Fensterbank. Björn legte auf und wunderte sich. Kathrin ging nie ohne ihr Handy aus dem Haus. Er legte sich auf das Sofa im Wohnzimmer, um Kathrin nicht zu verpassen, wenn sie wieder nach Hause kam.

Björn wachte um 21 Uhr auf. Das Haus war stockdunkel. Er stand auf und durchquerte alle Räume, doch Kathrin war nirgends zu finden. Besorgt ging Björn ins Schlafzimmer und öffnete Kathrins Schrankhälfte. Alles schien normal zu sein. Er verließ das Schlafzimmer, ging auf den Hof, öffnete das Garagentor, drinnen stand Kathrins Auto wie üblich, neben seinem Mercedes beschissen geparkt.

„Das wird sie nie lernen“, sagte er zu sich selbst, bereute es jedoch sofort.

Björn kehrte ins Haus zurück und rief unter einem Vorwand seine Mutter an, um sie nicht zu beunruhigen. „Guten Abend, Else“, begann er (er nannte sie seit Jahren nicht mehr „Mutter“). „Ich habe gerade an dich gedacht. Wie geht es dir?“

„Um das zu erfragen, rufst du mich mitten in der Nacht an?“, entgegnete sie. „Raus mit der Sprache, was ist passiert?“

Björn fühlte sich sofort durchschaut, wie schon oft als Kind, wenn er etwas angestellt hatte. Seine Mutter wusste es immer, sie konnte es in seinem Gesicht lesen oder an seiner Stimme erkennen, genau wie jetzt.

„Ehrlich gesagt, Else, ich weiß nicht, wo Kathrin ist. Ich vermisse sie seit heute Morgen um fünf Uhr.“

„Du warst oder bist doch krank, das hat Kai mir erzählt, er hat doch mit Kathrin gesprochen.“

„Ja, Else, ich weiß, aber das ist nun schon fast drei Tage her.“

„Wann hast du sie denn das letzte Mal gesehen?“

„Ich kann es nicht genau sagen. Ich war ja ständig im Dämmerschlaf.“

„Na, dann ruf doch die Krankenhäuser an. Vielleicht hatte sie einen Unfall mit dem Auto?“

„Nein, Else, das Auto steht in der Garage!“

„Dann ruf die Polizei an!“

„Die Polizei?“

„Ja, wen denn sonst? Oder willst du gleich ein SEK anfordern?“

„Mutter, mir ist nicht nach Scherzen, aber du hast recht. Ich werde die Polizei verständigen. Schlaf gut!“

„Na, dann hättest du besser nicht anrufen sollen“, war ihr letzter bissiger Satz.

„Es ist immer wieder schön, mit dir zu telefonieren, Else“, sagte Björn zu sich selbst.

Björn rief drei Krankenhäuser in der Umgebung an und erkundigte sich nach seiner Frau. Niemand hatte eine Frau namens Kathrin Schmid aufgenommen, auch nicht als Notfallpatientin. Als Björn nicht mehr weiterwusste, rief er beim örtlichen Revier an. Der diensthabende Polizeibeamte war sehr nett und nahm alle Daten wie Namen, Adresse, Geburtsdaten usw. auf. Kommissar Gründer teilte Björn jedoch am Ende des Gesprächs mit, dass die Polizei erst morgen früh um 8 Uhr eine Vermisstenanzeige herausgeben würde. Gefrustet legte Björn auf und legte sich ohne Abendbrot schlafen, da er noch sehr geschwächt von der Grippe war.

Am nächsten Morgen wurde Björn von Klopfen an dem Wohnzimmerrollo und gleichzeitigem Klingeln an seiner Haustür geweckt. „Ja, Moment, ich komme!“, rief er.

Im Haus war es noch dunkel, da er gestern Abend die Rollläden heruntergezogen hatte. Er ging direkt zur Haustür und öffnete sie. „Guten Morgen, Herr Schmid. Haben Sie immer so einen festen Schlaf? Beneidenswert. Mein Name ist Kommissar Gründer. Wir hatten gestern Abend telefoniert. Darf ich reinkommen? Das ist mein Kollege Brand.“

„Nein, ich bin noch etwas krank und schlapp. Ich hatte eine Grippe.“

„Ja, ich weiß, die ist für uns Männer ja immer besonders schlimm“, grinste Herr Gründer wissend.

Björn ging vorweg und betätigte die Schalter, damit die Rollläden hochgingen. Er war selbst überrascht, wie hell es draußen war. Sein Blick fiel auf die Wohnzimmeruhr – 11 Uhr. Herr Gründer folgte seinem Blick und sagte: „Genau deshalb sind wir vorbeigekommen, denn eigentlich wollten Sie ja um 8 Uhr bei uns auf dem Revier die Vermisstenanzeige von Ihrer Frau unterschreiben. Da wir gerade hier in der Nähe zu tun hatten, dachte ich mir, wir erledigen das gleich.“

„Ach du meine Güte, das habe ich nicht mitbekommen, dass es schon so spät ist.“

„Ich gehe dann davon aus, dass Ihre Frau immer noch nicht aufgetaucht ist und auch keine Nachricht hinterlassen hat, oder?“

Björn sah auf sein Handy, „Nein, keine Nachricht und auch kein Anruf“, er schüttelte den Kopf.

„Dürfen wir uns mal umsehen?“, fragte Kommissar Gründer.

„Ja, nur zu.“

Herr Gründer ging wortlos ins Schlafzimmer und rümpfte die Nase. „Sie sollten mal lüften.“

„Ja, natürlich“, sagte Björn und öffnete das Fenster. Er schämte sich, dass er noch nicht aufgeräumt hatte; das Bettzeug war zerwühlt und auch schmutzig. Auf dem Nachttisch stand noch der Kaffeebecher, vor dem Bett lagen seine Hausschuhe und über dem Stuhl hing seine Schmutzwäsche.

Herr Gründer öffnete die Schranktür. „Fehlt etwas an Garderobe?“

Björn zögerte mit seiner Antwort. „Ich glaube, nicht.“

„Na ja, so voll ist der Schrank Ihrer Frau nicht. Da habe ich schon ganz andere Schränke gesehen. Bitte, Herr Schmid, schauen Sie noch mal in Ruhe nach.“

Björn nickte.

In diesem Moment betrat auch Kollege Brand das Schlafzimmer und hielt eine durchsichtige Plastiktüte mit einem von der Ferne aus undefinierbarem Inhalt. „Was ist das?“, fragte Kommissar Gründer.

„Ein Geschirrtuch reichlich mit Blut getränkt“, antwortete Kollege Brand.

„Ist das Ihr Blut?“, fragte Kommissar Gründer Björn.

„Nee … ach ja, Kathrin hatte sich in den Finger geschnitten, ist aber schon einige Zeit her“, erklärte Björn.

„Das muss aber eine große oder tiefe Wunde gewesen sein“, kommentierte nun Kommissar Gründer.

Björn schwieg.

„Ich habe noch etwas gefunden.“ Voller Stolz hielt Herr Brand eine weitere Plastiktüte hoch. „Mehrere leere Verpackungen von einem starken Schlafmittel.“

„Wer hat die genommen?“, fragte Gründer. „Sie oder Ihre Frau?“

„Nein, keine Ahnung. Ich habe nichts genommen“, antwortete Björn.

„Dazu habe ich ein passendes Glas Rotwein gefunden. Dort sind noch leichte Spuren zu sehen, weil die Tablette wohl noch nicht ganz aufgelöst war.“

Die drei standen immer noch im Schlafzimmer und sahen sich abwechselnd an. Herr Brand sah den Nachttisch und fragte Björn: „Ist das Ihre Tasse?“

„Ja, da war aber Kaffee drin. Brand nahm behutsam eine weitere Plastiktüte und umhüllte die Tasse mit einer fast rituellen Sorgfalt. „Hm, Herr Schmid, besteht die Möglichkeit, dass es einen Zwist mit Ihrer Frau gab? Könnten Sie ihr womöglich Schlaftabletten verabreicht haben?“

Björn runzelte die Stirn. „Ich? Nein, wieso sollte ich das tun?“, erwiderte er, dabei besorgt den Nachttisch inspizierend.

„Nun ja, alles ist etwas eigenartig, nicht wahr? Wir stoßen auf Blut und Schlaftabletten, aber Ihre Frau ist spurlos verschwunden. Was würden Sie an meiner Stelle denken?“

„Ich? Ich weiß es nicht. Ihr Auto steht in der Garage, sie ist nicht zur Arbeit gegangen. Sie hatte Urlaub genommen, um mich zu pflegen. Ehrlich gesagt, ich verstehe nichts.“

„Gut, Herr Schmid, wir werden vorerst alles mit ins Labor nehmen. Ach ja, ich nehme an, gegen eine Speichelprobe hätten Sie nichts einzuwenden, oder?“

„Nein, habe ich nicht.“ Kaum hatte er das gesagt, schob Herr Gründer ihm ein langes Stäbchen in den Rachen, und Björn musste husten. Herr Gründer wandte sich mit leichtem Ekel von seinem Atem ab. Der Moment war ihm äußerst unangenehm.

„Wären Sie bitte so lieb und geben uns ein aktuelles Foto Ihrer Frau?“, fragte Herr Brand höflich.

„Ja, einen kleinen Moment bitte“, antwortete Björn und begab sich ins Schlafzimmer. Von seinem Nachttisch nahm er ein Foto von Kathrin. Die Aufnahme entstand im letzten Urlaub auf Zypern in der Innenstadt von Larnaca. Kathrin genoss ein Eis und lächelte Björn an. Dieses Bild von Kathrin liebte er besonders. Er überreichte es dem Kommissar mit der Bitte: „Das möchte ich bitte wiederhaben.“

Herr Brand, der Kommissar, schaute das Bild genauer an und sagte: „Eine hübsche Frau. Ja, natürlich bekommen Sie das Bild wieder zurück.“ Er steckte es sorgfältig in seine Uniformjacke.

Nachdem die beiden Polizeibeamten sich höflich verabschiedet hatten, beeilte sich Björn, unter die Dusche zu springen. Er putzte gründlich seine Zähne und wechselte in eine frische Jeans mit einem sorgfältig gebügelten blau karierten Hemd. Anschließend entledigte er sich der Bettwäsche und stopfte alles in die Wäschebox, die vor schmutziger Kleidung überquoll. Warum hatte Katrin nicht gewaschen? Und überhaupt, das Haus sah nicht gerade einladend aus. Was hatte sie die ganze Zeit getan, als er krank war? Kopfschüttelnd machte er sich daran, zunächst die Küche aufzuräumen, bevor er sich ins Büro begab.

Im Büro tauchte Björn ein in ein Durcheinander von geöffneten Ordnern, die sich auf dem Fußboden verteilt hatten. Unter ihnen lagen auch seine Kontoauszüge verstreut. Eine Mischung aus Besorgnis und Verwirrung überkam ihn. Was hatte Katrin in diesen Unterlagen gesucht? Er sammelte die Papiere behutsam auf, während er sich diese Frage immer wieder stellte, und sortierte die Ordner wieder an ihren Platz.

Nachdem er die Wohnung, wenn auch nicht in tadellosem Zustand, zumindest aufgeräumt hatte, griff er nach seinem Autoschlüssel und machte sich auf den Weg zur Garage. Im Mercedes angekommen, öffnete er das Handschuhfach mit einer gewissen Anspannung. Ein erleichtertes Lächeln huschte über sein Gesicht, als er feststellte, dass Katrin sein Handy nicht entdeckt hatte. Auf dem Bildschirm blinkten vier verpasste Anrufe.

„Verdammt", entfuhr es ihm laut. Mit einem entschlossenen Klick startete er den Motor seines Mercedes und fuhr unverzüglich zur Firma Schmid, wo sein Bruder Kai auf ihn wartete.

„Mensch, Björn!", begrüßte Kai ihn herzlich. „Geht es dir wieder besser? Hast du deine Grippe überstanden? Ich habe mir echt Sorgen gemacht. Und was ist mit Kathrin los? Mutter hat mir erzählt, dass du nicht weißt, wo sie ist. Hat sie keine Nachricht hinterlassen?"

„Bleib mal locker, Kai. Ich kriege selbst nichts mehr richtig auf die Reihe. Nein, Kathrin ist seit gestern verschwunden. Sie hatte sich Urlaub genommen, um sich um mich zu kümmern, aber dann ist irgendetwas passiert. Sie ist förmlich aus dem Haus geflüchtet, so kam es mir zumindest vor. Hat Kathrin dich angerufen?"

„Nein, mich hat sie nicht angerufen. Aber warum sollte sie verschwinden? Gibt es einen Grund?“

Björn zuckte mit seinen Schultern. „Wer Gründe sucht, wird immer welche finden. Noch etwas, Kai, Ivan hat vier Mal auf meinem Handy angerufen. Hat er sich bei dir gemeldet? Konntest du alles klären?“

Kai zog ihn am Ärmel. „Mach mal halblang. Nicht so laut“, flüsterte er. „Nein, der Kerl nervt mich. Er will alles auffliegen lassen.“

„Glaubst du wirklich? Er steckt doch auch mit drin“, erwiderte Björn skeptisch.

„Selbst wenn, der Kerl geht nach Russland zurück, und wir landen hier im Knast.“

„Wer geht in den Knast?“, fragte Else, die plötzlich überraschend im Raum stand. Die beiden Männer fuhren vor Schreck zusammen. Kai fand als Erster seine Sprache wieder. „Mensch, Else, was soll das? Warum schleichst du dich so an?“

„Ihr habt wohl beide ein schlechtes Gewissen, was?“, neckte Else. „Also, wer geht in den Knast?“

„Wir haben gestern von dem Film im Ersten gesprochen“, versuchte Kai scheinheilig zu erklären, wohlwissend, dass Else gestern beim Rommé Spielen war, was normalerweise bis 22 Uhr dauerte.

„Nein, ich hatte gestern Rommé. War der Krimi gut? Dann kann ich mir den ja in der Mediathek anschauen“, sagte Else.

„Nee, das kannst du dir sparen“, antwortete Kai nicht gerade überzeugend.

„Ach so, und ich dachte schon, ihr habt Probleme“, sagte Else.

„Nee, Mutter, alles gut.“

Else sah ihre beiden Jungs liebevoll an und konnte ein Lächeln nicht zurückhalten. Die beiden waren ihr ganzer Stolz. Seit dem Verlust ihres Vaters hatte sich die Familie noch enger zusammengeschlossen, und die Brüder bildeten dabei ein untrennbares Duo. Es war kaum zu übersehen, wie ähnlich sie sich waren – nicht nur äußerlich, sondern auch in ihren Vorlieben und Gewohnheiten. Beide überragten mit ihrer Größe von über 1,85 Metern und hatten eine schlanke Statur. Ihre braunen Haare waren sorgfältig mit einem Seitenscheitel gestylt, und sie strahlten eine natürliche Eleganz aus, die sie von Kopf bis Fuß umgab. Die Leidenschaft für Jeans und Lederschuhe teilten sie ebenso wie ihre Vorliebe für Sneaker, wenn es um sportliche Aktivitäten ging.

Else seufzte, während sie ihre Blicke gen Himmel richtete. „Du wärst so stolz auf die Buben“, flüsterte sie leise, als ob sie ihrem verstorbenen Vater ihre Gedanken offenbarte. Björn hielt sich aus der Unterhaltung raus, denn er konnte seine Mutter nicht anlügen. Else verließ den Verkaufsraum so leise, wie sie gekommen war.

„So, nun zu deiner Frage, ob ich alles mit Ivan klären konnte. Nein, das konnte ich nicht. Ruf ihn am besten von deinem Handy an. Übrigens ist der letzte Deal geplatzt."

„Was?", rief Björn aufgeregt.

„Mann, wir brauchen das Geld."

„Kai, die Geschäfte laufen nicht mehr so gut. Die Pandemie hat uns über eine halbe Million Verluste eingebracht. Wenn wir jetzt aufhören, können wir in sechs Monaten Insolvenz anmelden. Willst du das?"

„Nein", antwortete Kai leise und schaute zu Boden. „Aber ich will auch nicht ins Gefängnis."

„Björn, wir sind Straftäter!", schnaufte Kai.

„Bleib mal realistisch. Jeder Steuerhinterzieher oder Schwarzarbeiter könnte als Straftäter betrachtet werden. Im Vergleich dazu sind wir harmlos."

„Harmlos", schnaubte Kai. „Bring das in Ordnung, Björn. Bitte", fügte er leise hinzu.

„Ich werde es versuchen." Mit diesen Worten verabschiedete sich Björn.

5.
War es ein Traum?

Ich spürte sogleich quälende Schmerzen an beiden Handgelenken. Eine düstere Ahnung durchzuckte mich, als mir bewusstwurde, dass ich gefesselt worden war. Vergeblich versuchte ich, die Augen zu öffnen, doch sie waren verbunden. Ein stechender Schmerz pulsierte in meinem Kopf. Verzweifelt versuchte ich, meine Beine zu bewegen, doch eine eiserne Gewalt hielt mich gefangen. Der harte Boden, auf dem ich lag, schien mich zu verschlingen.

Nein, ich befand mich in einem Fahrzeug, stellte ich überrascht fest, kein Keller. Die Geräusche des Motors drangen an meine Ohren und die düstere Realität nahm Gestalt an. Langsam kehrten meine Erinnerungen zurück. Ich hatte heute Morgen, sehr früh, unser Haus verlassen, um mit Kai über Björn zu sprechen. Die Dringlichkeit, die Gründe für Björns unerklärliche Scheidungsabsicht zu erfahren, trieb mich an. Als ich vor der Garage stand, griffen mich plötzlich Arme von hinten und pressten mir etwas ins Gesicht. Ein beißender Geruch von Äther füllte meine Lunge. Danach war ich betäubt. Bis jetzt.

Wie viel Zeit ist wohl seitdem vergangen?, fragte ich mich Ich begann zu zittern. Wo befand ich mich? Wer hatte mich in diese beklemmende Lage gezwungen und aus welchem Grund? War es Björn, den ich zu kennen glaubte? Er, der sich doch nur von mir trennen wollte, aber eine Scheidung ablehnte, weil die zu teuer wäre? Wollte Björn mich entführen oder, noch schlimmer, umbringen?

Ein beklemmendes Gefühl kroch in mir hoch, als das Fahrzeug in diesem Moment abrupt abbremste. Ich versuchte, mich auf die Geräusche zu konzentrieren – Hupen, bremsen und dann setzte das Auto seine Fahrt fort. Vielleicht warteten sie oder wer immer es war, an einer Ampel, überlegte ich. In meinem Inneren brodelte pure Angst. Der Wunsch, nach Hilfe zu schreien, stieg in mir auf, und ich öffnete den Mund, um zu schreien. Doch stattdessen verschluckte ich mich und ein widerwärtiger Geschmack breitete sich in meinem Mund aus. Ekel durchfuhr mich, als ich realisierte, dass sich etwas Fremdes in meinem Mund befand, das auch den beißenden Dieselgeruch in der Nase verursachte. Ich hatte einen Stoffknäuel im Mund. Meine Hände versuchten verzweifelt, zu meinen Augen zu gelangen, doch ich schaffte es nicht. Die Dunkelheit umhüllte mich wie ein düsterer Schleier. Vorsichtig versuchte ich, den Boden mit meinen Beinen zu erkunden, da durchzuckte ein schmerzhafter Ruck mein Knie, und ich erkannte, dass nicht nur meine Hände, sondern auch meine Beine gefesselt waren. Furcht und Panik durchströmten mich, während ich völlig hilflos in der Dunkelheit des Fahrzeuges gefangen war. Ich versuchte, die Rechtskurven zu zählen und die Linkskurven seit der Ampel. Es waren eindeutig zu viele, also gab ich die Zählerei auf. Es schien keinen Zweck zu haben. Dann bemerkte ich, dass das Fahrzeug viel langsamer wurde und mehr schaukelte, als würde es auf einen Feldweg mit Schlamm oder Schlaglöchern fahren. Die Zeit kam mir unheimlich lang vor.

Plötzlich stoppte das Fahrzeug. Ich hörte die Fahrertür zuschlagen und eine Schiebetür öffnete sich. Der Dieselgeruch wurde durch die Lüftung des Fahrzeugs nach draußen gezogen. Ich gab vor, zu schlafen, während die Angst mich überwältigte – eine furchtbare, lähmende Angst! Ein Mann tippte beharrlich auf meine Schulter und wiederholte: „Hey, hey.“ Plötzlich packte er meine Beine, hob mich über seine Schulter und trug mich. Die Position über seiner Schulter war für meinen leeren Magen alles andere als angenehm. Übelkeit überkam mich, verstärkt durch den Lappen in meinem Mund, und ich begann zu beten: „Lieber Gott, lass mich bitte aufwachen und lass es nur ein schrecklicher Traum sein.“

Als Björn wieder zu Hause ankam, wählte er als Erstes Ivans Nummer. Er ließ das Handy gefühlt zwanzig Mal klingeln, doch Ivan antwortete nicht. Trotzdem verspürte Björn den Drang, ihm eine WhatsApp-Nachricht zu schicken, in der er ihn dringend bat, zurückzurufen. Aber das widersprach ihrer Abmachung: Keine SMS, keine WhatsApp-Nachrichten, keine Sprachnachrichten. Björn war kurz davor, das Handy aus der Hand zu legen, als ihm einfiel, dass er sich bei der Polizei nach dem Stand der Dinge erkundigen wollte.

Herr Brand war sofort am Telefon. „Schön, dass Sie sich melden, Herr Schmid. Wir haben Neuigkeiten. Erstens ergab Ihre Speichelprobe und die daraus resultierende DNA, dass das Blut nicht von Ihnen stammt."

„Ja, das ist für mich nichts Neues. Das habe ich Ihnen bereits gesagt."

„Moment mal, Herr Schmid, das heißt für uns erst mal gar nichts. Die Speichelprobe konnte übrigens keine Einnahme von Schlaftabletten nachweisen. Das lässt für uns die Vermutung offen, dass Sie, Herr Schmid, Ihrer Frau durchaus eine hohe Dosis verabreicht haben könnten, um sie dann zu entführen oder, wer weiß, etwas noch Schlimmeres zu tun."

„Was soll das? Verdächtigen Sie mich jetzt? Ich soll meine Frau entführt haben? Das ist doch lächerlich! Heutzutage lässt man sich scheiden."

„Davon habe ich auch schon gehört. Aber was mit Ihrer Aussage übereinstimmt, ist die Tatsache, dass Ihre Frau sich Urlaub genommen und erzählt hat, dass Sie schwer an Grippe erkrankt sind und Ihre Frau Sie pflegen muss. Dieser Tatsache können wir nun wiederum nicht zustimmen. Sie haben bei uns keinen Eindruck gemacht, als wären Sie schwer krank – müde, ja, aber das kann auch davon kommen, dass Sie sich die Nacht um die Ohren geschlagen haben."

„Ermitteln Sie nur gegen mich?", fragte Björn ziemlich aufgebracht und verärgert.

„Herr Schmid, wir ermitteln in alle Richtungen. Wir können einen Unfall ausschließen, in keinem Krankenhaus ist Ihre Frau eingeliefert worden. Die Nachbarn haben nichts gehört, außer in der Zeit, als Sie wohl krank waren. Da haben sie mitbekommen, dass es recht laut bei Ihnen war. Es soll auch das Wort Scheidung gefallen sein. Möchten Sie sich dazu äußern? Zwei Nachbarn haben das, unabhängig voneinander, zur gleichen Zeit bestätigt, als sie befragt wurden. Wollte Ihre Frau die Scheidung oder Sie?"

„Nein, keiner von uns. Wir haben über Trennung gesprochen", antwortete Björn.

„Wollte Ihre Frau die Trennung?"

„Keine Ahnung, so weit waren wir noch gar nicht."

„Gibt es eine andere Frau in Ihrem Leben, Herr Schmid?“

„Nein, natürlich nicht.“

„So, das hat uns der Kellner vom Restaurant Da Claudio anders erzählt. Er sagte, an Ihrem Tisch stand, als Sie mit Ihrer Frau dort essen waren, plötzlich eine andere Frau. Sie hätten fluchtartig mit der unbekannten Frau das Restaurant verlassen.“

„Oh, jetzt fangen Sie nicht auch noch an. Ja, das stimmt. Ich hatte meiner Frau bereits erklärt, dass es sich dabei um eine unzufriedene Kundin handelte.“

„Woher wusste denn die Kundin, wo Sie mit Ihrer Frau essen gehen?“

„Auch das habe ich meiner Frau erklärt.“

„Dann machen Sie nur für mich bitte noch einmal klar: Woher oder von wem wusste die Kundin, wo Sie privat essen gehen?“

„Ich weiß es nicht!“

„Wie hieß die Kundin?“, fragte der Ermittler weiter.

„Ich weiß es nicht mehr. Sie war einfach eine unzufriedene Kundin.“

„Warum war sie unzufrieden? Schließlich verkaufen Sie Luxusautos, da sollte man davon ausgehen, dass es keine Beanstandungen gibt. Ich bitte Sie, schauen Sie in den Unterlagen im Autohaus nach und teilen Sie mir die Adresse dieser ominösen Kundin mit.“

„Wenn ich daran denke, werde ich das tun. Im Moment gibt es jedoch viel zu tun“, antwortete Björn ungehalten. „Wie geht es jetzt weiter?“, fragte er. „Lassen Sie meine Frau suchen?“

„Wir warten noch das Wochenende ab. Vielleicht hat sie die vier Tage Urlaub für einen Kurzurlaub genutzt und kommt jetzt nach Hause. Sollte Ihre Frau bis Montag nicht wiederauftauchen, werden wir unsere Suche verstärken.“

„Bitte geben Sie mir schon einmal die Adresse von Freundinnen und den Eltern und Geschwistern. Ist Ihre Frau in irgendeinem Verein?“, fragte der Ermittler mit einem Hauch von Dringlichkeit in seiner Stimme.

„Nein, meine Frau ist in keinem Verein“, antwortete Björn ruhig, während er versuchte, die aufkommende Nervosität zu unterdrücken. „Ihre beste Freundin ist Meike. Die Adresse und Telefonnummer gebe ich Ihnen gleich. Geschwister hat sie nicht. Ihre Eltern leben in Tostedt, kurz vor Hamburg, sehr zurückgezogen.“

Man konnte die Unsicherheit in meiner Stimme spüren, als ich fortfuhr: „Ich habe noch nicht bei meinen Schwiegereltern angerufen, sie wissen von nichts. Ich wollte sie nicht erschrecken. Bitte lassen Sie mich als Erstes anrufen.“

Herr Brand zeigte Verständnis. „Okay, rufen Sie als Erster an und kündigen Sie uns so oder bitte persönlich an. Wir werden auch dort ermitteln“, sagte er schließlich.

„Danke“, bekam Björn gerade so heraus und legte den Hörer auf.

Er entschied sich, trotz seines eher distanzierten Verhältnisses zu seinen Schwiegereltern, sofort einen Anruf bei ihnen in Tostedt zu tätigen. Es fühlte sich für ihn wie eine Verpflichtung an, auch wenn er sich innerlich dagegen sträubte. Bevor er den Hörer in die Hand nahm, ging er in die Küche, um sich ein Glas Wasser zu holen. Seine Grippe schien immer noch nicht ganz überstanden zu sein.

Während er das kühle Wasser trank, ließ Björn seine Gedanken in die Vergangenheit schweifen, zurück zu dem Tag, als Kathrin ihn zum ersten Mal ihren Eltern vorstellte. Es war schwer zu übersehen, wie sehr Kathrin ihrer Mutter Martha ähnelte. Damals dachte er schon, dass, wenn die Redewendung „der Apfel fällt nicht weit vom Stamm“ stimmt, er auch im hohen Alter eine äußerst attraktive Frau an seiner Seite haben würde. Sowohl Kathrin als auch Martha hatten lange, schwarze Haare und ein Gesicht von nahezu makelloser Schönheit, gekrönt von zarten Sommersprossen und einer kleinen Nase. Ihre Figur ähnelte sich ebenfalls, mit einer anmutigen Taille und leicht ausladenden Hüften, was einem das Bild eines gebärfreudigen Beckens vermittelte.

Gustav, Björns Schwiegervater, war dagegen eher von der robusten Sorte, fast wie eine Kieler Sprotte, etwas stabiler gebaut, damals schwarze Haare, heute graue und mit einem raubeinigen Äußeren, das ihn fast wie einen Seebären erscheinen ließ. Doch trotz ihrer äußerlichen Unterschiede hatten Gustav und Björn sofort eine Verbindung gespürt. Gustav war ein einfühlsamer Mensch, und die beiden Männer hatten sich auf Anhieb gut verstanden.

Martha hingegen hatte eine andere Haltung. Sie mochte Björn, oder besser gesagt „ihren Björn“, wie sie ihn liebevoll nannte, bis zu dem Moment, als sie erfuhr, dass Kathrin und Björn keine eigenen Kinder haben würden. Von diesem Moment an fühlte sich Martha um ihre Rolle als Großmutter betrogen und sie ließ Björn das bei jeder Gelegenheit spüren, sei es durch spitze Bemerkungen oder unterschwellige Kritik.

Björn wählte die Hamburger Vorwahl und legte wieder auf. Ein kurzer Moment des Zögerns überkam ihn, während er darüber nachdachte, ob er persönlich zu seinen Schwiegereltern fahren sollte. Doch dieser Gedanke verflüchtigte sich schnell. Nein, ich will zu Hause sein, wenn Kathrin nach Hause kommt, entschied er schließlich. Er wählte erneut die Nummer, und Martha war sofort am Telefon.

„Ach, wie schön, dass du anrufst, Kathrin“, rief sie aus.

Doch Björn unterbrach sie sanft: „Nein, Martha, ich bin es, Björn."

„Björn? Ist etwas passiert? Du rufst doch sonst nie an", erkundigte sich Martha besorgt.

Björn räusperte sich nervös. „Hmm, Martha, nein … oder doch", begann er unsicher.

„Ja, was denn nun? Warum stotterst du so rum? Was ist denn?", fragte Martha mit zunehmender Besorgnis in der Stimme.

„Kathrin ist seit vier Tagen verschwunden. Ich weiß nicht, wo sie ist. Sie hat ihr Handy an ihrem Lieblingsplatz am Fenster zurückgelassen, das Auto steht in der Garage, und sie hat keine Garderobe mitgenommen", erklärte Björn mit brüchiger Stimme und begann zu weinen. „Wo kann sie nur sein?"

Martha war fassungslos. Sie fand kaum Worte, während sie ihren Ehemann Gustav herbeirief. „Komm mal schnell her! Björn ist am Telefon. Oh mein Gott, unsere Kathrin ist verschwunden, hörst du? Björn, warte, ich gebe dir mal Gustav", sagte Martha, als sie den Hörer weiterreichte.

„Ja, Björn, was ist los? Martha ist ja völlig außer sich", meldete sich Gustav besorgt.

„Entschuldige bitte, ich wollte euch vorher anrufen, bevor die Polizei bei euch auftaucht. Kathrin ist verschwunden."

„Warum soll die Polizei bei uns auftauchen? Wo ist Kathrin?", fragte Gustav verwirrt.

„Ich weiß es doch nicht“, schluchzte Björn verzweifelt.

„Hast du eine Vermisstenanzeige aufgegeben? Hast du Meike gefragt?“, erkundigte sich Gustav weiter.

„Ja, ich habe überall nachgefragt. Sie ist einfach verschwunden.“

„Kein Mensch verschwindet einfach so. Es gibt immer einen Grund“, erwiderte Gustav. Er hatte während des Telefonats auf Raumklang gestellt, damit auch Martha mithören konnte. Sie mischte sich plötzlich ein und ergriff Partei für Björn.

„Gustav, nun lass Björn in Ruhe. Er liebt unsere Tochter. Was soll es denn für einen Grund geben?“

Gustav entschuldigte sich bei Björn.

„Alles gut“, sagte Björn niedergeschlagen.

„Sollen wir zu dir kommen?“, fragte Gustav besorgt.

„Nein. Das ist lieb von euch, aber wenn Kathrin nicht zu mir kommt, kommt sie zu euch. Ich werde euch auf dem Laufenden halten, und ihr meldet euch auch bitte, wenn ihr etwas hört oder wenn die Polizei bei euch war“, bat Björn.

„Ja, so machen wir das“, versprach Gustav.

„Ich drücke euch beide ganz doll.“ Dann legte Björn auf, während immer noch Tränen über sein Gesicht liefen. Nachdem er sich etwas gesammelt hatte, wählte Björn erneut die Handynummer von Ivan. Das Klingeln schien eine Ewigkeit zu dauern, etwa zwanzig Mal, bevor Ivan endlich den Anruf entgegennahm.

„Was willst du? Wo warst du die ganze Zeit?" Ivans Stimme klang wütend und in seinem gebrochenen Russisch noch bedrohlicher.

„Mensch, Ivan, ich war krank. Ich konnte nicht ans Handy gehen."

„Hm", knurrte Ivan mit seiner tiefen Bassstimme. „Was machen wir nun?"

„Ich werde liefern, wie immer", antwortete Björn.

„Wenn geliefert wird, gibt es Geld, sonst nichts. Money, verstehst du?", antwortete Ivan. „Sicher, du versteh'n. Bist ja ganz schlau", lachte Ivan spöttisch und legte abrupt auf.

Björn blieb einen Moment lang am Telefon, während die kühle Stille des Gesprächsendes in der Luft hing.

6.
Eine unerträgliche Nähe

Es war kein Traum. Der Mann, der mich trug, legte mich auf etwas Weichem ab. Ich versuchte, ruhig zu atmen, damit er dachte, ich sei noch betäubt. Es raschelte im Dunkeln, dann entfernte sich der Mann kurz, nur um prompt zurückzukehren. Ein kurzer Stups an meinem Arm versetzte mich in eine angespannte Erstarrung. Die Dunkelheit verlieh der Szenerie eine surreale Atmosphäre.

Plötzlich durchdrang ein unangenehmer Gestank meine Sinne, eine Mischung aus Alkohol, Schweiß und Knoblauch. Als er mich hierhergetragen hatte, war mir dieser üble Geruch nicht aufgefallen, aber nun umgab er mich wie eine Wolke. Der Mann durchwühlte meine Haare, und ich wagte es nicht, mich zu rühren. Die Augenbinde, fest hinten verknotet, wurde entfernt, und ich widerstand dem Drang, meinen Entführer anzusehen. Ich wollte nicht wissen, wer oder was sich hinter dieser düsteren Gestalt verbarg. Langsam öffnete ich meine Augen und erblickte einen großen, kräftigen Mann, komplett in schwarz gehüllt. Sein massiver Bauch war schwer zu übersehen, und er hatte sich eine Sturmhaube übergezogen, die nur einen schmalen Spalt für die Augen freiließ. Die buschigen Augenbrauen erinnerten mich an jene von Theo Waigel, einem Politiker, aber diese Gedanken verblassten angesichts der bedrohlichen Situation.

Der Mann fixierte mich und legte seinen Zeigefinger auf seine Lippen, eine stumme Aufforderung zum Schweigen.

Ich nickte knapp, und er entfernte den Stoffknäuel aus meinem Mund. Ein Hustenanfall überkam mich. Geschickt reichte er mir eine kleine Flasche Wasserflasche, die ich zunächst ablehnte, doch er beharrte mit einer Geste. Gehorsam nahm ich die Flasche und trank hastig, während er mich aufmerksam beobachtete. Fast die gesamte Flasche leerte ich in einem Zug. Mit einem flinken Griff entzog er mir die Flasche und platzierte sie auf einem kleinen runden Tisch. Ich sah mich um. Abgesehen von dem kleinen runden Eichentisch, auf dem eine hässliche, alte Lampe ein warmweißes Licht verbreitete, gab es wohl einen Schreibtisch an der gegenüberliegenden Wand. Ich lag auf zwei übereinanderliegenden Matratzen gegenüber vom Schreibtisch. Ein Deckenlicht erhellte den Raum zusätzlich, doch ob es draußen bereits dunkel war, konnte ich nicht feststellen. Oh, nein, es gab gar kein Fenster. Ich lag in einem Raum ohne Fenster. Wie lange sollte ich wohl hierbleiben? Eine innere Stimme riet mir davon ab, ihn danach zu fragen. Ich warf einen Blick auf ihn. Er schaute zurück und setzte sich auf den Stuhl vor dem Schreibtisch. Ein leises Summen ertönte, als er vermutlich seinen Laptop hochfuhr.

Das Tippen, das darauf folgte, war alles andere als flüssig. Es klang, als müsste er jede Taste einzeln suchen. Es konnte nicht viel Text gewesen sein. Dann druckte er wohl einen Zettel aus, denn ich hörte, wie etwas aus dem Drucker ratterte. Er stand auf, kam auf mich zu und hielt einen Zettel in der Hand. Er positionierte ihn so, dass ich den Inhalt nicht lesen konnte. Dabei drückte er ihn an meinen Busen, und als der Zettel abrutschte, wanderte seine Hand unter mein Kinn, um den Zettel unter meinem Kinn zu klemmen. Plötzlich holte er ein Handy aus der Tasche und ich sah, wie er Fotos von mir machte. Was stand darauf? Warum tat er das? Nachdem er den Zettel entfernt hatte, setzte er sich wieder an den Schreibtisch. Eine gespenstische Stille erfüllte den Raum, die ich durchbrach, indem ich laut fragte: „Darf ich bitte zur Toilette?“

Er sah auf und schüttelte den Kopf.

„Aber ich muss so dringend, bitte.“

Er wiederholte seine Ablehnung.

Fast flehentlich bat ich erneut: „Bitte, bitte, ich mache mir sonst in die Hose.“

Doch er schüttelte erneut den Kopf, und ich spürte, wie meine Beine erst feucht und dann nass wurden, meine Blase entleerte sich völlig. Aus Scham begann ich still zu weinen.

Björn erschrak. Das Telefon klingelte, er nahm den Hörer ab und lauschte.

„Hallo, Björn, ich bin es, Meike, stell dir vor, die Polizei war gerade bei mir. Was ist denn bei euch los? Warum ist Kathrin verschwunden?"

„Oh, hallo Meike. Ich wollte dich auch schon anrufen, um dir mitzuteilen, dass sich die Polizei bei dir melden wird, aber ich habe es durch den ganzen Stress vergessen. Bitte verzeih, ich stehe völlig neben mir."

„Was ist denn bei euch los? Es muss doch einen Grund geben, wenn Kathrin einfach so verschwindet?", fragte Meike.

Björn seufzte, bevor er antwortete. „Ach, Meike, wir wissen nicht, wo Kathrin ist. Sie hat sich Urlaub genommen und dann ist sie seit dem zweiten Urlaubstag verschwunden. Am ersten Urlaubstag war sie noch trotz Urlaub für zwei Stunden auf ihrer Station. Dort hat sie erzählt, den Urlaub brauche sie, um mich zu pflegen. Keiner weiß, wo Kathrin ist. Da du nach ihr fragst, nehme ich an, du weißt auch nicht, wo sie steckt, oder?"

„Äh, ich verstehe nur Bahnhof. Seit wann ist Kathrin weg?"

„Es ist heute schon der fünfte Tag", antwortete Björn mit einem Hauch von Verzweiflung in der Stimme.

„Hast du mal auf der Station nachgefragt, ob dort jemand etwas weiß?"

„Das hat die Polizei schon gemacht. Keine Spur. Kathrin ist auch nicht in ein anderes Krankenhaus eingeliefert worden, auch das hat die Polizei geprüft.“

„Fehlt denn Garderobe von Kathrin?“

„Ich weiß es nicht … offensichtlich nicht. Sie hat auch keine Kulturtasche gepackt. Zahnbürste, Parfüm, alles liegt wie immer im Bad.“

„Hat Kathrin Geld mitgenommen? Oder am Geldautomaten verfügt?“

„Bis gestern nicht. Heute habe ich noch nicht nachgeschaut. Meike, bitte sag mir die Wahrheit. Wollte Kathrin mich verlassen?“

„Das solltest du doch eher wissen als ich, oder?“

„Ja, natürlich. Entschuldige, blöde Frage. Ich mache mir nur solche Sorgen.“

„Ja, das kann ich verstehen. Sollen Manfred und ich dir heute Abend Gesellschaft leisten?“

„Das ist ganz lieb von euch beiden, aber ich möchte lieber alleine sein. Bitte versteht das, ja? Ein andermal gerne.“

„Alles klar, Björn. Kopf hoch, das wird schon.“

„Bis bald mal wieder.“ Beide legten, in ihren Gedanken verharrend, auf. Björn konnte die Sorge in Meikes Stimme spüren und die Ungewissheit um Kathrins Verschwinden nagte weiter an ihm.

Er ging sofort nach dem Telefonat mit Meike an seinen PC und loggte sich bei seiner Bank ein. Mit erwartungsvoller Miene schaute er sich die

Umsätze der letzten drei Tage an. Nichts, rein gar nichts. „Ich verstehe das alles nicht“, sprach Björn laut und erschrak vor seiner eigenen Stimme. Er loggte sich wieder aus und griff nach seinem Handy. Keine Nachricht von Kathrin. Björn drückte die Tränen weg, die sich in seinen Augen sammelten. In diesem Moment fühlte er sich so einsam wie schon lange nicht mehr. Er stand auf und ging ziellos durch die Wohnung. Die Stille um ihn herum verstärkte nur das Gefühl der Leere. Er konnte nicht begreifen, wieso Kathrin einfach verschwunden war, ohne eine Spur zu hinterlassen. Die Traurigkeit überwältigte ihn, und Björn konnte sich nicht länger zurückhalten. Die Tränen flossen unaufhaltsam, während er sich fragte, wie es so weit kommen konnte. Die Einsamkeit umhüllte ihn wie ein erdrückender Nebel, und er sehnte sich nach Klarheit und Gewissheit.

Am nächsten Morgen fühlte sich Björn wie gerädert. Er hatte einen schlechten Traum gehabt, in dem Kathrin immer wieder seinen Namen rief, aber er konnte sie nicht finden. Sie irrte ziellos durch dunkle Gassen und Straßen.

Im Büro angekommen, machte er sich als Erstes daran, seine E-Mails zu bearbeiten. Danach erstellte er eine Excel-Datei und sandte sie an Ivan. Björn war erleichtert, dass die Datei nun gesendet war.

Das bedeutete, dass das nächste Geld bald fließen würde, und das war auch bitter nötig.

Plötzlich steckte Kai seinen Kopf in Björns Büro. „Na, weißt du überhaupt noch, wie man arbeitet? Oder wie man überhaupt arbeitet?“, sagte er scherzhaft. Ohne eine Antwort von Björn abzuwarten, verließ er wieder das Büro.

Björn eilte seinem Bruder hinterher. „Hey Kai, warte bitte. Was soll das? Warum redest du so mit mir? Du weißt, ich war krank, und Kathrin ist auch immer noch verschwunden. Was noch schlimmer ist, ich weiß nicht, wo ich suchen soll. Ich habe schon genug Probleme am Hals, also, welche Laus ist dir über die Leber gelaufen?“

„Du hast recht, entschuldige bitte. Eigentlich bin ich froh, dass du wieder hier bist.“ Kai klopfte seinem Bruder auf die Schulter.

„Du hast eine merkwürdige Art, das zu zeigen.“

„Sorry“, sagte Kai und lächelte. „Lass uns erst mal einen Kaffee trinken, und dann helfe ich dir, die liegen gebliebenen Dinge abzuarbeiten.“

„Ach, die Liste für Ivan ist raus!“

„Okay, das hört sich schon mal gut an.“

Der eigenartige Geruch meiner eigenen Kleidung war kaum zu ertragen – ein beißender Mix aus Urin und Schweiß, der hartnäckig an mir haftete, obwohl meine Hose mittlerweile getrocknet war. Verzweifelt versuchte ich, meinen Flüssigkeitskonsum zu minimieren, um nicht erneut in die demütigende Situation des Einmachens zu geraten. Dann kam mein Peiniger, den ich nur als den „schwarzen Mann" bezeichnen konnte. Er versorgte mich ohne ein einziges Wort mit Essen und Trinken. Danach platzierte er eine einfache Campingtoilette neben mir, bekannt als Beuteltoilette, eine bescheidene, aber zuverlässige Trockentoilette, die ohne den Einsatz von Wasser funktioniert. Ein spezieller Beutel wurde sorgfältig in die Vorrichtung gehängt, bereit, seine Aufgabe zu erfüllen und die unvermeidlichen Hinterlassenschaften aufzunehmen. Es war eine Mischung aus Erleichterung und Unbehagen, als ich endlich die Möglichkeit hatte, sie zu benutzen. Auch inmitten der Umstände war es schön, ein kleines Stück Normalität zurückzugewinnen. Meistens wartete ich darauf, bis der schwarze Mann mir Essen und Trinken gebracht hatte, denn dann wusste ich, dass ich eine Weile alleine sein würde. In diesen Momenten wagte ich mich fast dankbar auf die Toilette. Es war auch ein Zeichen der Gnade, dass er meine Bein- und Fußfesseln gelöst hatte, obwohl er mir stattdessen einen Strick um die Taille band, der an einem Ring an der Wand befestigt war. So hatte ich eine begrenzte Freiheit, jedoch konnte ich nicht das andere Ende des Raumes erreichen, um zum Tisch zu gelangen. Die Stunden vergingen, in denen ich oft ganz auf mich allein gestellt war. Verzweifelt versuchte ich, in dem stillen Raum um mich herum irgendein Geräusch zu entdecken, doch die Stille schien undurchdringlich. Ich fühlte mich abgeschnitten von der Außenwelt, als wäre ich in einem Klangvakuum gefangen. Selbst als der schwarze Mann den Raum betrat, vernahm ich seine Schritte erst in dem Moment, bevor der metallene Schlüssel im Schloss gedreht wurde. Es war, als ob die Zeit in diesem düsteren Raum ihre eigenen Regeln hatte. Da jedoch kein Lichtstrahl in den Raum drang, in dem ich gefangen gehalten wurde, verlor ich jegliches Zeitgefühl. Schlaf übermannte mich, wenn meine Glieder vor Schmerzen schrien oder meine eigenen Gedanken unerträglich wurden. In diesen Schlafphasen versuchte ich verzweifelt, alles zu vergessen, doch meine Bemühungen wurden zunehmend von der Realität durchdrungen. Der schwarze Mann blieb beharrlich darauf bedacht, mir nicht zu nahe zu kommen. In den unendlichen Stunden der Einsamkeit versuchte ich mehrmals, ein Gespräch mit ihm zu beginnen. Doch er reagierte stets, indem er auf seinen Mund zeigte und mit dem Zeigefinger das unmissverständliche Zeichen zum Schweigen gab. Es schien, als bewahrte er strikte

Stille und mied jeden verbalen Austausch, als sei dies sein unerschütterliches Prinzip.

Meine Armbanduhr ruht seit geraumer Zeit, eingefroren in der Zeit, ganz so wie mein Leben. Immer wieder stelle ich mir die Fragen: Sucht Björn verzweifelt nach mir? Hat er die Polizei eingeschaltet? Warum befinde ich mich hier? Unsere Finanzen sind doch alles andere als üppig. Vielleicht hat der schwarze Mann mich mit jemand anderem verwechselt. Das kontinuierliche künstliche Licht zerrte an meinen Nerven, auch wenn ich im Stillen dankbar dafür war, dass es Tag und Nacht brannte. Doch mir fehlte das natürliche Tageslicht. Selbst das fröhliche Zwitschern der Vögel, einst so selbstverständlich, war verstummt, als hätte die Stille selbst den Gesang der Natur verschluckt.

Kommissar Gründer und sein Kollege Brand standen vor Björns Haus, das in der Abenddämmerung einen düsteren Schatten warf. Ihr Klingeln durchschnitt die Stille vor der Tür. Gründer wandte sich mit leichter Ungeduld an seinen Kollegen: „Hast du Herrn Schmid nicht mitgeteilt, dass wir heute um 19 Uhr an seiner Tür stehen würden?"

Brand nickte bekräftigend: „Natürlich habe ich uns angekündigt."

Gründer drückte erneut auf die Klingel, ihr Nachhall verlor sich im Schweigen. Endlich, nach gefühlten zehn Minuten, öffnete Björn die Haustür und bat die beiden Polizeibeamten ins Wohnzimmer. Kommissar Gründer bemerkte sofort, dass das Wohnzimmer aufgeräumt und gelüftet worden war. Eine subtile Anspannung lag in der Luft, während sie Platz nahmen.

„Herr Schmid, hat sich Ihre Frau irgendwann bei Ihnen gemeldet?", fragte Gründer mit besorgter Miene.

„Nein, leider habe ich nichts von ihr gehört", antwortete Björn mit einem Anflug von Verzweiflung.

„Hm, also wir waren erneut im Krankenhaus auf der Station, wo Ihre Frau arbeitet. Auch dort hat niemand Kontakt zu Ihrer Frau gehabt. Heute wäre ihr erster Arbeitstag gewesen, vier Tage Urlaub und das Wochenende. Ab heute suchen wir verstärkt. Hat Ihre Frau Geld abgehoben, oder woanders mit ihrer EC-Karte bezahlt?"

„Nein“, flüsterte Björn beinahe unhörbar. „Ich habe alle Leute gefragt, die Kathrin kennt. Niemand hat sie gesehen oder etwas von ihr gehört.“

„Herr Schmid, haben Sie eine Lösegeldforderung erhalten?“, fragte Gründer weiter.

„Nein, so reich sind wir nun auch nicht. Und macht man das nicht gleich? Warum sollte denn jemand länger als sechs Tage warten, um Lösegeld zu erpressen?“

„Ja, das haben wir uns auch gefragt“, antwortete nun Kommissar Brand. „Vielleicht ist etwas passiert, womit der Entführer nicht gerechnet hat?“

„Was meinen Sie konkret?“, fragte Björn mit zitternder Stimme.

„Vielleicht ...“ Brand ließ den Satz im Raum stehen.

Björn erschauderte. „Sie meinen, sie ist tot?“, stammelte er, während er sich niedersetzte und die Hände vors Gesicht schlug. „Aber dann müssten Sie Kathrin doch erst recht finden.“

Herr Brand sah auf den Fußboden.

Nach einer schlaflosen Nacht machte sich Björn schon sehr früh auf den Weg zum Autohaus Schmid. Es gab genug liegengebliebene Arbeit, und außerdem hoffte Björn, dass die Beschäftigung ihn ablenken würde. Kaum hatte er die Tür seines Büros geschlossen, platzte Kai herein. An seinem Gesichtsausdruck konnte Björn sofort erkennen, dass etwas nicht stimmte. Er kannte seinen Bruder gut genug, um das zu wissen. Bevor Björn überhaupt eine Frage stellen konnte, sprudelte es schon aus Kai heraus. „Du hast gesagt, du hast das mit Ivan geregelt. Kannst du mir erklären, warum er nicht überwiesen hat?“

Björn schluckte schwer. „Wie, er hat nicht überwiesen?“

„Hast Du was an den Ohren? Nein, er hat kein Geld überwiesen. Hast du die Ivan-Datei wirklich verschickt?“, fragte Kai mit wachsender Besorgnis.

„Bist du verrückt? Natürlich habe ich das überprüft. Außerdem habe ich auch mit Ivan telefoniert“, verteidigte sich Björn. Seine Stimme klang nervös, während ihm ein kalter Schauer über den Rücken lief. „Er hat so eine Bemerkung gemacht ... Wie hat er das noch mal gesagt? Ich wäre schlau ...“

„Hältst du es für möglich, dass er Kathrin hat? Dass er gar nicht zahlen will?“, fragte Kai plötzlich mit beunruhigtem Unterton.

Björn erstarrte. „Woher sollte er Kathrin kennen? Das kann doch nicht sein. Warum sollte sich in unserer Vereinbarung etwas ändern? Es hieß immer: Liste gegen Geld.“ Björn starrte auf sein Handy, das er nur benutzte, um Ivan anzurufen. „Soll ich ihn anrufen und fragen, wo das Geld bleibt?“

„Ja, aber nicht von hier aus“, antwortete Kai bestimmt. „Mach eine Probefahrt mit dem weißen Mercedes. Ich hole dir die Schlüssel, und, Björn, nimm das Gespräch mit deinem privaten Handy auf. Vielleicht müssen wir das Gespräch irgendwann gegen ihn verwenden."

„Ja, eine gute Idee", stimmte Björn zu.

Kai ging zum Safe und brachte Björn die Schlüssel.

„Danke, ich fahre gleich los."

„Bis später", antwortete Kai, bevor er Björn allein ließ.

„Magst du fahren oder soll ich uns nach Tostedt kutschieren?", fragte der Polizist Brand seinen Kollegen Gründer.

Gründer überlegte kurz und antwortete mit einem Lächeln: „Ach, ich mach das schon. Du weißt doch, ich fahre gerne mal in die City."

„Na ja, City würde ich Tostedt nicht nennen, aber eine schöne Stadt ist es allemal", kommentierte Brand mit einem Schmunzeln.

„Tostedt ist einfach malerisch, mit seinen charmanten Fachwerkhäusern und den gepflegten Straßen. Die kleinen Cafés und Boutiquen verleihen der Stadt ein gewisses Flair", ergänzte Gründer.

„Mensch, du bist ja richtig belesen", foppte Brand seinen Kollegen. Die beiden grinsten sich an. Ihre jahrelange Partnerschaft hatte sie zu einem eingespielten Team gemacht, das sich blind verstand.

In Tostedt schien die Sonne, und der Frühling lag in der Luft. Gründer setzte eine ernste Miene auf, als sie bei den Eltern von Kathrin, den Eheleuten Hanf, ankamen. Martha Hanf öffnete die Tür und begrüßte die Polizisten herzlich. „Bitte kommen Sie doch herein“, lud sie die beiden ein und führte sie in die gemütliche Wohnküche. Ein altes Sofa, blau- und weiß gestreift, dominierte den Raum, während die Küchenschränke schlicht weiß, aber alle Accessoires in einem strahlenden Blau gehalten waren.

„Gemütlich haben Sie es hier“, bemerkte Brand, während Gründer seinem Kollegen zuzwinkerte. Als dieser ihn anschaute, verdrehte er strafend die Augen. Brand senkte den Blick.

Martha rief nach ihrem Mann Gustav, der mit einem traurigen Blick Platz am Esstisch nahm. „Gibt es etwas Neues?“, fragte er die Beamten mit gedämpfter Stimme.

„Nein, leider nicht. Von unserer Seite aus gibt es keine neuen Hinweise. Erzählen Sie uns doch einfach von Ihrer Tochter Kathrin. War sie glücklich mit ihrem Ehemann oder gab es Spannungen? Hatte Ihre Tochter hier vielleicht auch Freunde, die Herr Schmid nicht kennt?“, erkundigte sich einer der Beamten einfühlsam.

Martha seufzte schwer und begann mit traurigen Augen zu erzählen: „Kathrin war sehr glücklich mit Björn. Sie hat mir einmal gesagt, sie hat ihren Traummann geheiratet. Wir sind ja erst vor ein paar

Jahren nach Tostedt gezogen. Kathrin hatte ihre engsten Freunde in Stadthagen. Wenn sie uns besuchte, hat sie immer bei uns im Gästezimmer geschlafen und war ausschließlich mit uns zusammen. Wir kennen nur Meike und Manfred, das sind ihre besten Freunde. Aus der Klinik kenne ich auch niemanden. Ich habe mir schon den Kopf zerbrochen, ob sie von jemandem öfter erzählt hat. Kathrin war mit Haut und Haaren Krankenschwester, sie erzählt öfter mal von ihren kleinen Patientinnen."

„Wann haben Sie denn das letzte Mal mit Ihrer Tochter telefoniert?", fragte der Beamte weiter.

„Ca. eine Woche vor ihrem Verschwinden."

„Welchen Eindruck hatte Ihre Tochter bei Ihnen hinterlassen?", erkundigte sich der Beamte weiter.

„Ganz normal, wie immer", antwortete Martha mit Tränen in den Augen.

Herr Gründer wandte sich an Herrn Hanf: „Könnte ich mal das Gästezimmer sehen?"

Herr Hanf stand auf und führte den Polizisten ins Gästezimmer. Auch hier war alles in blau und weiß eingerichtet. Ein ausklappbares blaues Sofa stand im Raum, umgeben von einem weißen Regal, in dem Bilder und ein paar Bücher standen, die alle mit Gesetzestexten zu tun hatten. Herr Brand betrachtete die Bilder und fragte vorsichtig und einfühlsam, ob er Fotos machen dürfte. Herr Hanf stimmte zu. Nachdem sie das Gästezimmer besichtigt hatten, gingen sie gemeinsam zurück in die Wohnküche und verabschiedeten sich. Draußen angekommen, mussten sie beide feststellen, dass sie keine neuen Erkenntnisse gewonnen hatten. Schweigend fuhren sie zurück zum Revier.

7.
Eine Maske fällt

Björn fuhr nur eine kurze Strecke, getarnt als Probefahrt. Die Straßen waren ruhig, und das Sonnenlicht glitzerte durch die Bäume, doch in seinem Inneren tobte ein Sturm der Sorge. Er parkte auf einem abgelegenen Edeka-Parkplatz und zögerte einen Moment, bevor er Ivans Nummer wählte. Das Handy klingelte und klingelte, bis endlich Ivan das Gespräch annahm, aber er schwieg nur.

„Hallo?“, fragte Björn, die Nervosität in seiner Stimme versteckt.

„Ja“, kam die knappe Antwort von Ivan, gefolgt von einer unangenehmen Stille.

„Wieso haben Sie kein Geld für die letzte Liste angewiesen?“, fragte Björn mit einem Anflug von Verzweiflung.

„Nun, du bist schlau, warum wohl nicht?“, lachte Ivan auf eine Art, dass es Björn eiskalt den Rücken hinunterlief.

„Ja, warum nicht? Wir haben geliefert, so war die Abmachung“, beharrte Björn, doch die Kälte in Ivans Stimme verriet, dass etwas nicht stimmte.

„Abmachung? Nichts interessiert mich“, sprach Ivan mit einem schweren russischen Akzent, der die Worte wie Eiszapfen klingen ließ. „Es gibt eine neue Abmachung. Du lieferst noch einmal eine

Liste und bekommst etwas Schönes, aber kein Geld.“

„Kein Geld? Was soll diese Scheiße? Wir brauchen das Geld“, versuchte Björn zu argumentieren, aber es schien vergeblich gegen die undurchdringliche Mauer aus Gleichgültigkeit, die Ivan umgab. Ivan lachte wieder grässlich, und Björn konnte förmlich das kalte Lächeln durch das Telefon hören.

„Wetten, nicht?“

Plötzlich wurde Björn ein Bild geschickt, und sein Herz schien für einen Moment stillzustehen. Es war seine Kathrin, aber sie sah völlig verängstigt aus, ihre Haare waren zerzaust, und sie hielt einen Zettel mit ihrem Kinn fest, auf dem „Hilf mir!“ geschrieben stand. Björns Herz hämmerte laut in seiner Brust, als er in das Telefon schrie: „Wo ist Kathrin? Was hast du mit ihr gemacht?“

„Ruhig, ruhig“, kam die Stimme von Ivan. „Nach weiterer Liste ist deine Frau frei. Verstanden? Kein Polizei.“ Dann legte Ivan auf, und Björn blieb noch einen Moment im Auto sitzen, während die Welt um ihn herum zu zerfallen schien. Die Realität war ein Albtraum, die er nicht fassen konnte.

Als er schließlich das Autohaus erreichte, war sein Gesicht von Tränen gezeichnet, und er brach zusammen, während sein Bruder Kai ihn stumm in den Arm nahm.

Nachdem Björn Kai alles erzählt und das Bild von Kathrin gezeigt hatte, beschlossen sie, das Geschäft wegen einer dringenden Privatangelegenheit zu schließen. Die Welt schien sich um sie herum zu verdunkeln, als sie sich in ihrem Büro zusammensetzten und überlegten, was zu tun sei. Die Diskussionen gingen hin und her: Polizei ja oder nein? Wie sollten sie alles erklären? Wie hatte Ivan herausgefunden, wo Kathrin wohnte? Fragen über Fragen, aber keine Antworten in Sicht. Sie waren sich einig, dass sie keine andere Wahl hatten, als die geforderte Liste zu erstellen. Else würde einen solchen Skandal nicht überleben und auch Kai und Björn selbst nicht. Nach einer quälend langen Stunde des Grübelns und Diskutierens waren sie sich zumindest in einem Punkt einig: keine Polizei! Das Risiko war einfach zu groß.

Ich hörte den vertrauten Klang des Schlüssels im Schloss und spürte, wie sich meine Anspannung langsam löste, als die Tür aufgeschlossen wurde. Es war jedes Mal ein Moment der Erleichterung, nicht weil ich Hunger oder Durst hatte, sondern einfach, weil ich dadurch ein Zeitgefühl bekam, wie lange es dauerte, bis der schwarze Mann wiederkehrte. Der Ablauf war stets derselbe: Er brachte Essen und Trinken, beobachtete mich bei der Nahrungsaufnahme und wechselte dann den Beutel aus. Ein Ritual, das mich längst nicht mehr überraschte. Wenn ich versuchte zu sprechen, legte er seinen Finger auf die Lippen, eine stumme Mahnung zum Schweigen. Doch diesmal entschied ich mich anders. Ich begann leise zu singen, ein altes Kinderlied aus meiner Kindheit.

„Kommt ein Vogel geflogen, setzt sich nieder auf meinen Fuß, hat ein Zettel im Schnabel, von der Mutter einen Gruß."

Der schwarze Mann hob den Blick, sein Gesichtsausdruck war düster und bedrohlich. Er legte erneut seinen Finger auf die Lippen und gab mir unmissverständlich zu verstehen, dass ich still sein sollte. Doch meine Stimme verstummte nicht. Ich sang weiter, trotzig und beharrlich. Bis er schließlich laut und deutlich schrie: „Schweig still!"

Für diesen einen kleinen Moment war es still, nur das leise Summen meines Liedes durchbrach die Stille. Doch dann fing ich erneut an zu singen, lauter und kräftiger als je zuvor. Der schwarze Mann rannte plötzlich auf mich zu, seine Augen voller Wut und Verzweiflung, und fiel kurz vor mir um. Er fiel einfach um, wie ein gefällter Baum. Ich erstarrte, unfähig zu begreifen, was gerade passierte. Ich wartete darauf, dass er wieder aufstehen würde.

„Hey, stehen Sie auf", rief ich verzweifelt, meine Stimme überschlug sich beinahe vor Angst. „Ich höre schon auf zu singen. Hallo, stehen Sie auf!"

Doch keine Regung, kein Lebenszeichen. Eine eisige Panik ergriff mich, während ich ihn anstarrte, mein Herz wild in meiner Brust pochend. Ich versuchte, ihn mit den Füßen heranzuziehen, doch er rührte sich nicht. Es dauerte eine gefühlte Ewigkeit, bis ich ihn mit meinen Füßen zu mir näher ran gezogen hatte und mit meiner zitternden rechten Hand seinen Hals erreichte. Meine Finger tasteten sich seitlich neben dem Kehlkopf entlang, dann glitten sie in die Halsgrube. Ich spürte nichts, und ein erstickter Schrei drohte meine Kehle zu ersticken. Noch einmal versuchte ich es, meinen eigenen Atem anhaltend. Doch wieder: nichts. Ich wandte mich schnell zur anderen Seite, versuchte, seinen Puls zu erfühlen, aber auch dort war nichts zu spüren. In einem impulsiven Moment riss ich ihm die schwarze Sturmhaube vom Kopf, seine Augen waren weit geöffnet und starrten mich an. Ein kalter Schauer lief über meinen Rücken, als ich seine regungslose Gestalt betrachtete. Instinktiv rutschte ich zurück, halb erwartend, dass er jeden Moment aufstehen würde. Doch er blieb regungslos liegen, und eine düstere Ahnung legte sich wie ein bleierner Schleier über meine Gedanken. Ich brach in einem Wirbel von Emotionen zusammen. Ich wusste nicht, was ich tun und wie ich mit dieser Situation umgehen sollte. Schließlich, in einem verzweifelten Versuch, die Welt wieder in Ordnung zu bringen, fing ich wieder an zu singen. Ein zweites Mal, ein drittes Mal, ein viertes Mal. Doch mit jedem Ton, den ich sang, wurde mir klarer, dass meine Worte ungehört verhallten. Bis ich schließlich begriff: Er war tot. Der schwarze Mann, der mich so lange gefangen gehalten hatte, war tot.

Björn ließ keine Zeit verstreichen und machte sich nach Feierabend im Büro daran, eine neue Liste für Ivan zu erstellen. Ihm war klar, dass er diese Liste fälschen musste, denn es gab noch keine neue, die er hätte erstellen können. Also mischte er aus insgesamt vier Listen eine neue zusammen, in der Hoffnung, dass Ivan den Fake nicht erkennen würde.

Doch trotz seines planvollen Vorgehens saß die Angst Björn im Nacken. Denn falls Ivan den Betrug bemerken sollte, könnte das Konsequenzen für Katrin haben. Er dachte darüber nach, wie Ivan überhaupt herausgefunden hatte, wo er und Katrin wohnten. Diese Ungewissheit nagte an ihm und verstärkte seine Besorgnis. Es fühlte sich an, als ob sie von einem unsichtbaren Schatten verfolgt wurden, der ihre Sicherheit bedrohte. Für einen flüchtigen Moment erwog er sogar, die Polizei einzuschalten. Doch dann verwarf er diesen Gedanken sofort. Nein, das würde bedeuten, dass er Katrin womöglich nie wiedersehen würde. Die Vorstellung allein schnürte ihm die Kehle zu und verstärkte seinen Entschluss, die Situation selbst in die Hand zu nehmen. Koste es, was es wolle.

Auch die Kommissare Brand und Gründer kamen nicht voran. Es fehlte weiterhin jegliche Spur von Kathrin Schmid. Die Befragung der Nachbarn ergab nichts Neues; außer dem Ehekrach Tage zuvor hatte niemand etwas Auffälliges gehört oder gesehen. Bei den Eltern hatte sich Kathrin ebenfalls nicht gemeldet, was ihre Sorge nur verstärkte. Meike, ihre beste Freundin, hatte ebenfalls keine Nachricht erhalten, was untypisch für Kathrin war.

Die Ermittlungen an den Flughäfen und Bahnhöfen brachten ebenfalls keine Erfolge. Es schien, als wäre Kathrin spurlos verschwunden. Selbst die Überprüfung von Abbuchungen bei der Bank führte zu keinem Ergebnis. Brand saß grübelnd über der Akte und fand keine Erklärung für das Verschwinden von Kathrin. Es ergab alles keinen Sinn.

„Gründer, hat dir Björn Schmid eigentlich gesagt, wer diese ominöse Frau im Restaurant, Da Claudio, war?“, fragte Brand mit einem durchdringenden Blick, während er die Akten durchforstete, als würde er nach einem fehlenden Puzzlestück suchen.

Gründer runzelte die Stirn und konzentrierte sich auf die Protokolle vor ihm. Nach einer Weile des Suchens schüttelte er bedauernd den Kopf. „Nein“, seufzte er, „den Namen hat er uns nie mitgeteilt.“

„Verdammt“, murmelte Brand und lehnte sich frustriert zurück. „Glaubst du, dass diese Frau etwas damit zu tun haben könnte?“

Gründer zog skeptisch eine Augenbraue hoch. „Was heißt glauben? Wenn ich glauben will, gehe ich in die Kirche“, entgegnete er trocken. „Nein, mich interessieren Fakten. Pure Fakten. Und wenn wir ehrlich sind, haben wir nichts, weder eine Nachricht von Frau Schmid noch eine Leiche!“

Brand seufzte schwer. „Verdammte Bürokratie“, fluchte er leise. „Komm, lass uns direkt ins Autohaus fahren, bevor dieser Schmid uns wieder abwimmelt.“ Er sprang auf, und sie machten sich auf den Weg, in der Hoffnung, endlich einige Antworten zu finden.

Als die Beamten Brand und Gründer im eleganten Ambiente des Autohauses eintrafen, fanden sie Björn Schmid gerade im Verkaufsraum vor, wo er mit einem charmanten Lächeln ein Ehepaar beriet. Die Atmosphäre war von geschäftiger Aufregung erfüllt, während Björn sein Verkaufsgeschick unter Beweis stellte. Die beiden Beamten entschieden sich dafür, unauffällig zu bleiben, und gaben vor, Interesse an einem schicken Porsche Cayenne zu haben, während sie gespannt beobachteten, wie Björn das Ehepaar von einem eleganten Jaguar überzeugen wollte. Die Frau schien bereits hin und weg zu sein, während ihr Mann akribisch nach Details zum Fahrzeug fragte, da es wohl als Zweitwagen für sie gedacht war. Als die potenzielle Käuferin liebevoll über den glänzenden Kühler des Jaguars strich, bemerkte sie mit einem verschmitzten Lächeln: „Diese Farbe ist einfach wunderschön, nicht zu grell, aber auch nicht zu unauffällig. Schließlich will ich auch mit dem Auto auffallen.“

Ihr Begleiter, vermutlich ihr Ehemann, antwortete mit einem Augenzwinkern: „Das wirst du sicher, mein Schatz.“ Dann wandte er sich wieder an Björn und meinte mit einem humorvollen Ton: „Na ja, dann will ich meine Frau mal glücklich machen.“ Ein Grinsen huschte über sein Gesicht, als er hinzufügte, „Happy wife, happy life.“

Björn erwiderte das Lächeln und führte das Paar mit einer eleganten Geste in sein Büro. Während er an den Beamten vorbeiging, entschuldigte er sich kurz angebunden: „Ich bin gleich für Sie da, meine Herren.“

Brand nickte verständnisvoll und antwortete gelassen: „Keine Eile, wir haben Zeit.“ Die beiden Polizisten machten eine weitere Runde durch das Autohaus, während das glückliche Ehepaar schließlich mit ihrem Kauf zufrieden nach Hause fuhr und Björn sie bat, in sein Büro einzutreten.

Die beiden Beamten nahmen vor dem Schreibtisch Platz, während Björn mit verschränkten Armen am Tisch saß, die Anspannung deutlich in seinem Gesicht ablesbar. „Bitte, meine Herren, gibt es neue Erkenntnisse oder eine neue Spur von meiner Frau?“, fragte er mit einem Hauch von Hoffnung in der Stimme, während sein Blick suchend zwischen den beiden Ermittlern hin und her wanderte.

„Leider nicht“, antwortete Brand bedauernd und senkte den Blick kurz. „Wir tun wirklich alles, was in unserer Macht steht, um Ihre Frau zu finden.“ Er konnte die Verzweiflung in Björns Augen sehen, als er fortfuhr: „Wir haben jedoch bemerkt, dass Sie uns damals aus dem Restaurant bei DA Claudio den

Namen der Frau geben wollten, die Sie so dringend aufgesucht hatte. Sie sagten, Sie hätten den Namen und die Adresse."

Björn runzelte die Stirn, dann erinnerte er sich und griff hastig nach einem Notizblock auf seinem Schreibtisch. „Ach ja, entschuldigen Sie bitte", sagte er, während er die notierten Informationen hervorholte. „Den Namen und die Adresse habe ich hier."

Gründer las laut vor: „Anna Weber, Ferdinand-Albrecht-Straße, 65185 Wiesbaden. Haben Sie auch eine Telefonnummer?"

„Nein, leider nicht", antwortete Björn und seufzte leise. „Wir haben den Kauf damals über eine Videokonferenz abgewickelt. Um welches Fahrzeug ging es denn?"

„Einen Mercedes C-Klasse W206", erklärte Björn.

Brand pfiff durch die Zähne, während er seine Gedanken ordnete. „Und an diesem Fahrzeug gab es Beanstandungen?"

Björn schüttelte den Kopf und lächelte schwach. „Nein, Beanstandungen ist nicht das richtige Wort", begann er, bemüht, seine Worte wohlüberlegt zu wählen. „Es war nur eine Kleinigkeit, die wir in unserem Haus sofort erledigt haben. Doch diese Kleinigkeit war so wichtig, dass Frau Weber noch einmal persönlich vorbeikommen musste." Er sah vorsichtshalber noch einmal auf seinen Zettel. „Ja, es war ein Softwarefehler aufgetreten, und wir wollten natürlich den Fehler so schnell wie möglich beheben. Natürlich haben wir Frau Weber für die Unannehmlichkeiten und die Anfahrt entsprechend entschädigt.“

„Hätte Frau Weber nicht auch einen anderen Mercedes-Händler aufsuchen können?“, fragte Gründer mit einem skeptischen Unterton, während er seine Gedanken laut aussprach und Björn mit einem prüfenden Blick musterte.

Björn antwortete ruhig, aber bestimmt: „Ja, natürlich, das hätte sie gekonnt. Doch uns liegt viel daran, unsere Fehler selbst zu beheben und sicherzustellen, dass unsere Kunden sich gut aufgehoben fühlen.“

Ein Hauch von Verständnis zeigte sich in Gründers Gesicht, während er die Logik hinter Björns Worten erfasste. „Ah, ich verstehe“, sagte er schließlich, und ein leichtes Lächeln spielte um seine Lippen. „Dann danken wir Ihnen, Herr Schmid, für Ihre Zusammenarbeit.“

Die Männer verabschiedeten sich mit einem kräftigen Handschlag, und während sie sich auf den Weg zum Ausgang machten, bemerkte Brand, dass Björns Hände ungewöhnlich schwitzig waren und sein Gesichtsausdruck von Anspannung gezeichnet war. Es war offensichtlich, dass die Situation ihn stark belastete.

„Ja, dann ab ins Büro, von dort werde ich mal die Dame Frau Weber anrufen und befragen“, entschied Brand und machte sich bereits auf den Weg, seinen Blick auf die Aufgabe gerichtet.

„Ach Quatsch, was soll das?“, entgegnete Gründer skeptisch, während er seinem Kollegen nachblickte und die Stirn leicht runzelte. „Der Schmid hat das doch alles ganz logisch erklärt, warum die Frau ihn aufgesucht hat. Die Arbeit kannst du dir sparen.“

Brand zögerte einen Moment, bevor er antwortete: „Ja, aber wir kommen nicht weiter, und ich finde es trotzdem unpassend, dass jemand seinem Autohändler bis ins Restaurant folgt.“

Gründer nickte zustimmend und fuhr sich nachdenklich über das Kinn. „Ja, das stimmt schon“, gab er zu, während er über die Situation nachdachte. „Aber was ist, wenn sie einfach nur durch einen Stau oder Ähnliches zu spät im Autohaus angekommen ist?“

Brand runzelte die Stirn, während er Gründers Einwand überdachte. „Das könnte sein“, gab er schließlich zu, „aber es klingt doch sehr unplausibel, findest du nicht? Sie hätte auch in ein Hotel einchecken und das Autohaus am nächsten Tag aufsuchen können. Es gibt einfach zu viele Fragen, die noch unbeantwortet sind.“

Ich weiß nicht, wie lange ich neben dem toten schwarzen Mann saß. Ich schaute ihn mir immer wieder an, aber ich hatte diesen Mann noch nie in meinem Leben gesehen. Ich versuchte, ihn mit meinen Füßen noch näher zu meinem Körper zu ziehen. Als der Mann fast quer vor mir lag, durchsuchte ich seine Hosentaschen. Was ich fand, war ekelhaft – ein dreckiges, vollgeschnäuztes Taschentuch. Ich warf es weit von mir weg. Tabletten ohne Verpackung. Ich sah sie mir in Ruhe an und vermutete, dass es sich dabei um Herztabletten handelte. Ja, das sprach dafür, dass er einen Herzinfarkt bekommen hatte. Vielleicht ein Vorhofflimmern. In der anderen Hosentasche befand sich nichts. Das schwarze Hemd hatte Brusttaschen, auch darin befand sich nichts. Ich schrie ihn an: „Warum hast du kein Messer in deiner Tasche? Wie soll ich mich befreien?“ Ich schrie laut um Hilfe, noch mal, noch mal. Zwecklos. Wo war ich bloß? „Kathrin, denk nach“, sagte ich laut. Irgendjemand wird diesen Menschen vermissen und ihn suchen. Ja, wie mich? Keiner findet mich, sucht mich überhaupt jemand? Nun kommt auch keiner mehr, der mir Essen und Trinken bringt oder meine Beutel für die Toilette wechselt. Mein Gott, ich werde auch sterben. Ich habe doch gar keine Chance zu überleben. Obwohl die Tür offen ist, komme ich nicht raus.

Ich zog wie eine Blöde an meinem Strick. Ich drehte mich zur Wand und sah diesen Eisenring.

Mit aller Kraft zog ich an dem Ring. Ich musste versuchen, den Mörtel weich zu bekommen und rauszukratzen. Ich schrie wie am Spieß um Hilfe. Erschöpft schlief ich irgendwann ein.

Björn saß an seinem Schreibtisch und starrte gebannt auf den Bildschirm seines Computers. Zum dritten Mal überprüfte er das Bankkonto, aber es war immer noch keine Zahlung eingegangen. Ein Gefühl der Frustration überkam ihn. „Warum zur Hölle zahlt der Kerl nicht?", murmelte er vor sich hin. Er hatte doch alles getan, was von ihm verlangt worden war. Die Gedanken an Kathrin, deren Schicksal nun in der Schwebe hing, trieben ihm einen Schauer über den Rücken. Diese Ungewissheit machte ihn beinahe wahnsinnig. Entschlossen griff er nach dem Telefon und wählte Ivans Nummer. Doch statt Ivans Stimme hörte er nur die automatisierte Ansage: „Der Teilnehmer ist nicht erreichbar." Björns runzelte die Stirn. Was wusste er überhaupt über Ivan?

Seine Gedanken wanderten zurück zu dem Tag vor einem Jahr, als Ivan erstmals im Autohaus auftauchte. Seine Anwesenheit war von merkwürdigen Fragen begleitet gewesen und Björn erinnerte sich, dass zu dieser Zeit das Geschäft alles andere als blühend war. Wer kaufte schon Luxusautos mitten in einer Pandemie? Dennoch hatte er Ivan damals die Wahrheit über die schlechten Geschäftsbedingungen erzählt, und dieser hatte nur genickt, als würde er alles verstehen. Plötzlich durchzuckte ihn ein Gedanke: Hatte Ivan jemals etwas über eine Frau erwähnt? Oder über seinen Arbeitsplatz, seinen Wohnort? Er versuchte, sich zu erinnern, wie Ivan auf den Hof gekommen war. Mit einem alten Mercedes fuhr er damals auf den Hof. Genau, ein alter Mercedes war es gewesen. Aber welches Kennzeichen hatte der Mercedes gehabt? Björn schüttelte den Kopf, er konnte sich nicht erinnern. Entschlossen machte er sich auf den Weg zu Kais Büro. Kai war der Mann für solche Angelegenheiten.

„Kai, Ivan hat immer noch nicht gezahlt. Sein Telefon ist ausgeschaltet. Mir ist gerade eingefallen, dass wir vielleicht noch die Videoaufzeichnungen vom letzten Jahr haben könnten?"

Kai blickte von seinem Bildschirm auf und runzelte die Stirn. „Vom letzten Jahr? Nein, ich lösche die Bänder doch immer, wenn nichts Außergewöhnliches passiert ist."

Björn presste die Lippen aufeinander und kämpfte gegen die aufsteigende Frustration an. „Bitte, könntest du trotzdem nachsehen?" Er fühlte sich langsam am Ende seiner Geduld.

„Na gut, ich werde gleich nachsehen", sagte Kai schließlich nach einem Moment des Zögerns.

„Danke.“ Mit einem erleichterten Seufzer wandte sich Björn um und kehrte zurück in sein Büro.

„Hey, Grüni.“ So nannte Herr Brand seinen Kollegen, wenn niemand anwesend war. „Das Telefonat mit Frau Weber verlief irgendwie seltsam. Ich habe mich vorgestellt und sie gefragt, ob sie telefonisch ein paar Fragen beantworten würde. Doch sie schien zu zögern und äußerte Bedenken darüber, worum es ging und wer ich sei. Angesichts dieser Situation habe ich das Gespräch beendet und die Kollegen aus Wiesbaden hinzugezogen. Sie werden heute Nachmittag persönlich bei Frau Weber vor Ort sein, was es ermöglicht, den Ausweis sofort zu erhalten, um weitere Informationen zu sammeln. Parallel dazu habe ich eben mit der Pressestelle im Haus gesprochen. Morgen früh wird eine Vermisstenanzeige über Funk und Fernsehen verbreitet. Ich plane auch, die Eltern von Kathrin Schmid in Tostedt zu informieren, um sicherzustellen, dass sie nicht zu sehr schockiert sind, wenn sie ihre Tochter im Fernsehen sehen. Ich werde auch sofort Herrn Schmid anrufen, um ihn über die Situation zu informieren.“

„Ich danke dir, Brand. Ich werde bereits einen Zwischenbericht für die Akte verfassen, um alle Schritte und Entwicklungen festzuhalten.“

Kai stürmte voller Aufregung in Björns Büro und strahlte förmlich. „Wir haben so ein Glück. Öffne mal deinen elektronischen Posteingang, ich habe dir zwei Bilder zugeschickt. Eins davon habe ich schon vergrößert.“

Björns Hand zitterte leicht, als er den Mercedes von Ivan auf dem Bildschirm erkannte. „Mensch, Kai, man kann sogar das Kennzeichen erkennen!“

Björn sprang auf und umarmte seinen Bruder freudig. In diesem Moment trat Else wieder in das Büro, leise wie immer. „Gibt es etwas zu feiern? Hat die Polizei Kathrin gefunden?“, fragte sie leise, als sie die beiden Brüder so begeistert sah.

Björn drehte sich um und seufzte bedauernd. „Nein, Else, leider nicht.“

„Warum veranstaltet ihr im Büro Freudentänze? Habt ihr nichts Besseres zu tun?“, fuhr Else fort, ihre Stirn leicht gerunzelt. „Die Zahlen in den letzten Monaten sind erschreckend. Wenn wir nicht bald mehr Gewinn machen, sehe ich schwarz. Björn, du hast doch einen Freund, der im Marketingbereich arbeitet. Setzt euch doch mal zusammen und entwickelt eine Werbekampagne!“

„Mutter, in meinem Kopf ist zurzeit nur Kathrin. Bitte versteh das. Ich werde mich später darum kümmern. Ich verspreche dir aber, dass ich es nicht vergessen werde“, antwortete Björn leise und mit einem Hauch von Reue.

So leise, wie sie gekommen war, schlich sich Else wieder aus dem Büro.

„Mensch, Kai, ich werde Ivan sofort anrufen. Er soll endlich das Geld überweisen und Kathrin freilassen, ansonsten drohe ich ihm, alles auffliegen zu lassen", entschied Björn entschlossen, seinen Blick fest auf das Telefon gerichtet.

„Sei vorsichtig, Bruderherz", erwiderte Kai besorgt.

„Bleib ruhig, ich werde schon aufpassen", versicherte Björn seinem Bruder. Er griff sofort nach seinem speziellen Handy und wählte Ivans Nummer.

„Der Teilnehmer ist nicht erreichbar", meldete die automatische Ansage.

„Wo steckt der Kerl bloß?" Björn versuchte seitdem, Ivan jede halbe Stunde zu erreichen, seine Ungeduld wuchs mit jeder verstrichenen Minute.

8.
Vermisst

Ich erwachte und erblickte den schwarzen Mann zu meinen Füßen. Sein Anblick war unerträglich, also versuchte ich, ihn auf den Bauch zu drehen, doch er war viel zu schwer für mich. Frustriert zog ich ihm wieder die Sturmhaube über sein Gesicht, um seine starre Miene nicht sehen zu müssen. Dabei stieß ich gegen etwas Hartes, das klirrte. Woher kam das? Ach ja, es war seine Gürtelschnalle. Was soll ich mit einer Schnalle aus Metall?, fragte ich mich verwirrt.

Der Gürtel, an dem die Schnalle befestigt war, war aus robustem Leder gefertigt. Seine Oberfläche war von Gebrauchsspuren gezeichnet, kleine Kratzer und Abschürfungen. Die Farbe des Leders war von der Zeit gebleicht, aber seine Festigkeit und Haltbarkeit waren unverkennbar.

Ich nahm die Schnalle in die Hand und betrachtete sie skeptisch. „Kannst du zaubern, Schnalle? Oh, ich spreche schon wieder mit mir selbst“, murmelte ich leise und schüttelte den Kopf über meine eigenen Gedanken. Trotzdem begann ich, mit der Dornschließe wie mit einem Messer am Strick zu sägen. Kleine Fasern lösten sich langsam, und ich rieb hartnäckig an der gleichen Stelle. Bald lagen zu meinen Füßen mehrere kleine Faserhaufen. Ich betrachtete den Strick. Wie lange würde es wohl dauern, bis ich ihn durchtrennt hatte? Monate? Jahre? Es spielte keine Rolle. Ich hatte Zeit, auch wenn Hunger und Durst mich quälten. Entschlossen setzte ich meine Arbeit fort, fest entschlossen, mich von meinen Fesseln zu befreien.

Frau Popow war damit beschäftigt, ihr Wohnzimmer aufzuräumen, und hatte nebenbei die Nachrichten eingeschaltet. Plötzlich wurde ihre Aufmerksamkeit von einer besonderen Meldung gefangen genommen. Die Nachrichtensprecherin las mit emotionsloser Stimme vor, dass Kathrin Schmid seit nunmehr 14 Tagen vermisst wird und jegliche Spur von ihr fehlt. Die Bevölkerung wurde eindringlich um Mithilfe gebeten, falls sie Hinweise über ihren Aufenthaltsort haben sollte.

Geschockt ließ sich Frau Popow auf das neue Sofa fallen, das ihr Ex-Mann großzügig gespendet hatte. Warum war die Krankenschwester verschwunden, fragte sie sich verwirrt. Sie hatte doch ein schönes Leben, da verschwand man doch nicht einfach so spurlos. Oder ob ihr etwas zugestoßen war? Die Gedanken wirbelten in ihrem Kopf, während sie die traurigen Nachrichten weiterverfolgte und sich gleichzeitig fragte, was wohl mit Kathrin geschehen sein könnte.

Martha und Gustav Hanf saßen Seite an Seite vor dem Fernseher und hörten den Aufruf in den Nachrichten, sich zu melden, falls man irgendetwas über das Verschwinden ihrer geliebten Tochter Kathrin wusste. In einem Moment gemeinsamer Stille legten sie ihre Hände zusammen und beteten mit geschlossenen Augen für Kathrin, hoffend auf ihre baldige Rückkehr und dass sie wohlbehalten sei. Die Angst und Sorge lasteten schwer auf ihren Herzen, während sie sich aneinander festhielten, um sich gegenseitig Trost zu spenden.

Auch Meike und Manfred waren tief ergriffen von den Nachrichten. Sie konnten sich eine solche Tragödie nicht vorstellen und fragten sich verzweifelt, was wohl passiert sein könnte. Ehrlich zu sich selbst eingestanden, glaubten sie, dass Kathrin bereits tot sein könnte. Meike war sich sicher, dass Kathrin ihnen etwas gesagt hätte, wenn sie geplant hätte, Björn zu verlassen. Die düstere Vorstellung, dass ihre Freundin möglicherweise nicht mehr am Leben war, erschütterte sie zutiefst.

Kai sah durch Zufall die Nachrichten, als er sich mit seiner Mutter Else treffen wollte, um über die schlechte Verkaufslage von Luxusautos zu sprechen. Beide waren schockiert und sprachlos, als sie die Nachrichten sahen. Selbst die sonst so robuste Else konnte ihre Tränen nicht zurückhalten. „Ich bete zu Gott, dass dieser Spuk endlich ein Ende hat“, flüsterte sie mit zitternder Stimme, während sie ihre Hände faltete und einen stillen Appell an den Himmel richtete. In diesem Moment überfluteten Gefühle von Angst und Hoffnungslosigkeit ihre Gedanken.

Björn hatte gerade den Fernseher eingeschaltet, als er Kathrin in Großaufnahme sah. Der Anblick schockte ihn zutiefst. „Meine Kathrin, liebe Kathrin, ich bin schuld“, flüsterte er verzweifelt. „Oh Gott, was habe ich getan?“

Von Weinkrämpfen ergriffen, setzte sich Björn an Kathrins Lieblingsplatz ans Fenster. Tränen rannen über seine Wangen, während er in die Ferne starrte, unfähig, den Schmerz und die Schuld zu ertragen.

Am nächsten Morgen im Büro fragte Brand seinen Kollegen, ob er auch den Aufruf von Kathrin Schmid gesehen habe. „Ja, habe ich. Ich hoffe, wir erhalten wenigstens einige Spuren, die zu Kathrin Schmid führen“, antwortete der Kollege ernst. „Ganz ehrlich, wir treten schon zu lange auf der Stelle.“

In diesem Moment klingelte das Telefon und ein Beamter, der gestern Anna Weber aufgesucht hatte, war am Apparat. „So, Kollege Brand, wir waren gestern Abend bei Anna Weber. Die Personalien habe ich aufgenommen und euch per mail rübergeschickt", begann der Beamte. „Sie war in einem Lokal, aber an den Namen kann sie sich nicht mehr erinnern. Als ich ihr förmlich das Wort ‚Da Claudio' in den Mund legte, kam ein zögerndes ‚ja, ich glaube'. Daraufhin habe ich sie belehrt, dass eine Falschaussage strafbar wäre. Und was soll ich euch sagen? Sie fing an zu weinen und sagte, sie könne nicht lügen. Sie war nie in einem Lokal, das so hieß. Es sei eine Gefälligkeitslüge gewesen für Björn Schmidt."

„Was?", riefen beide, Gründer und Brand, im Chor.

„Das gibts doch nicht!", entfuhr es Gründer. „Mensch, Kollege, du bist klasse. Vielen Dank für euren Einsatz und Grüße nach Wiesbaden", erklang es aus den Mündern von Gründer und Brand.

„Warum hat er uns angelogen?", fragte Brand, während er den Kopf ungläubig schüttelte.

„Ja, das möchte ich auch gerne wissen", fügte Gründer hinzu, seine Stirn in Falten gelegt vor Verwirrung.

„Reicht das für eine Untersuchungshaft?", fragte Brand, als er den Beamten unsicher ansah.

„Keine Ahnung. Ruf den Staatsanwalt, der soll sich einen richterlichen Beschluss holen", antwortete Gründer, sein Gesichtsausdruck war ernst.

„Das mache ich zu gerne. Sag, sind wir ihm auf den Leim gegangen? Die ganze Geschichte mit seiner Grippe, dem Blut und den Schlaftabletten ... Eins kann ich dir sagen, verarschen lasse ich mich sehr, sehr ungern“, erwiderte Brand mit einem Ausdruck von Ärger in seinem Blick. Er nahm den Telefonhörer und informierte den Staatsanwalt über die neuen Entwicklungen. Der lehnte aber nach einem Gespräch mit dem Richter den Haftbefehl ab, die Hinweise sind nicht ausreichend.

Nach einer schlaflosen Nacht voller Albträume wachte Björn völlig erschöpft auf und beschloss, bereits um sieben Uhr morgens in seinem Büro im Autohaus Schmid zu arbeiten. Dabei hatte er Ivan bereits mindestens zwanzig Mal von seinem Handy aus angerufen, doch dieser ging einfach nicht ans Telefon.

Björn schloss gerade den Verkaufsraum auf, als Else und sein Bruder Kai unerwartet früh erschienen. Die Begrüßung zwischen den dreien war kurz und knapp. Während Else wie gewohnt damit begann, Kaffee zu kochen, zog sich Kai kommentarlos in sein Büro zurück. Ein ungewohntes Schweigen lag in der Luft, als Björn den Auszubildenden bat, die Luxusautos vom Staub zu befreien. Björns Magen verkrampfte sich, als er den Polizeiwagen auf den Hof fahren sah, ein unheilvolles Gefühl breitete sich in ihm aus.

„Guten Morgen, Herr Schmid“, begrüßte ihn einer der Beamten mit einem ernsten Gesichtsausdruck. „Wir müssen Sie zur Befragung und Klärung mit auf das Revier nehmen.“

Else, die wie immer auf leisen Sohlen ging, trat aus dem Büro, ihre Stirn in tiefe Falten gelegt. „Was geht hier vor?“, fragte sie mit besorgter Stimme.

„Wir müssen Ihren Sohn mit zur Wache nehmen, um einige Sachen zu klären, gnädige Frau“, erklärte ein anderer Beamter ruhig, aber bestimmt.

Else hob empört die Augenbrauen. „Was werfen Sie meinem Sohn denn vor?“

„Wir haben Grund zu der Annahme, dass er in Verbindung mit dem Verschwinden Ihrer Schwiegertochter stehen könnte“, antwortete der Polizist ernst.

Else schnappte nach Luft, ihre Handflächen wurden feucht. „Das ist lächerlich! Mein Sohn würde niemals ...!“

„Mutter, lass gut sein“, unterbrach Björn sie ruhig und streckte die Arme aus, halb erwartend, dass die Beamten ihn in Handschellen abführen würden.

„Ich denke, darauf können wir verzichten“, sagte Brand und führte Björn ohne Handschellen zum Polizeiwagen. Sein Ton war ruhig, aber die Blicke der Beamten verrieten eine gewisse Vorsicht und Wachsamkeit.

Währenddessen hängte Kai das Schild „Heute geschlossen“ an die Tür und nahm seine Mutter unter die Arme. „Komm bitte mit, wir müssen reden“, sagte er ruhig.

Der Azubi schaute von einem zum anderen und fragte, was er denn heute noch zu tun habe. Kai beachtete ihn kaum und antwortete: „Du kannst heute Feierabend machen.“ Schnell packte der Azubi seine Sachen zusammen und verschwand durch die Hintertür.

„Guten Tag, mein Name ist Irina Popow, und ich möchte meinen Ex-Mann als vermisst melden“, erklärte Irina mit besorgter Stimme, als sie sich an den Polizeibeamten vom örtlichen Revier wandte.

„Seit wann ist Ihr Mann verschwunden?“, fragte der Beamte.

„Seit etwa sieben Tagen, ich kann das nicht genau sagen. Wir leben nicht mehr zusammen.“

„Und wie kommen Sie darauf, dass Ihr Ex-Mann verschwunden ist?“ Der Beamte hob den Blick von seinem Notizblock und fixierte Irina mit einem ernsten Ausdruck.

„Unsere Tochter hatte vor drei Tagen Geburtstag, und mein Ex-Mann ist nicht erschienen. Ich habe ihn mehrmals angerufen, aber er geht nicht an sein Handy. Es kommt immer die Ansage: Der

Teilnehmer ist nicht erreichbar. Vielleicht ist ihm etwas zugestoßen?“

„Wie meinen Sie das, Frau Popow? Etwas zugestoßen?“ Der Beamte hob skeptisch eine Augenbraue.

„Ich vermute schon seit vielen Monaten, dass mein Mann etwas Verbotenes macht“, erklärte Irina, während sie ihre Gedanken ordnete und versuchte, dem Polizisten ihre Besorgnis zu vermitteln.

„Aha, und wie kommen Sie darauf?“ Der Beamte zeigte sich interessiert an Irinas Aussage.

„Mein Mann macht mir und meiner Tochter Franziska viele teure Geschenke. Das ist zunächst einmal nett, aber wenn man bedenkt, dass er seit fünf Jahren arbeitslos ist, kann das nicht mit rechten Dingen zugehen“, erklärte Irina, während sie versuchte, die Situation zu erklären.

„Hm, warum haben Sie Ihren Mann das nicht schon längst gefragt?“ Der Beamte stellte eine kritische Frage, doch darauf konnte Frau Popow keine klare Antwort geben. Sie senkte den Blick und faltete nervös ihre Hände im Schoß. „Okay, dann nehmen Sie hier bitte Platz“, fuhr der Polizeibeamte fort. Mit einem beruhigenden Ton wies er ihr einen Stuhl zu, während er sich selbst an seinen Laptop setzte und begann, die Informationen aufzunehmen.

„Name?“, fragte er, während er die Tasten auf der Tastatur bediente.

„Ivan Popow“, antwortete Frau Popow mit einem leichten Zittern in der Stimme.

„Geboren am?“

„17. September 1972“, antwortete sie mit einem Hauch von Traurigkeit in der Stimme.

„Wo?“

„In Moskau“, erklärte sie mit einem schwachen Lächeln, das ihre Melancholie nicht verbergen konnte.

„Adresse?“

„Potsdamer Weg 3 in 31655 Stadthagen“, antwortete sie, ihre Stimme kaum mehr als ein Flüstern.

„KFZ-Kennzeichen?“

„SHG-II-72“, sagte sie, während sie ihre Gedanken sammelte.

„Handynummer?“

„Einen Moment bitte.“ Frau Popow zögerte einen Moment, bevor sie ihr Handy herauszog und dem Beamten die Nummer diktierte: „0163 6363636376.“

Der Beamte wählte die von Frau Popow angegebene Handynummer, aber es wurde angezeigt: Der Teilnehmer ist zurzeit nicht erreichbar.

„Ja, Frau Popow, mehr kann ich leider nicht für Sie tun. Sollte ich neue Erkenntnisse haben, rufe ich Sie an“, erklärte der Beamte.

Frau Popow blickte auf den Boden und nickte stumm. „Ach, bitte, könnten Sie auch in den Krankenhäusern nachfragen? Ich erhalte keine

Informationen aufgrund der Datenschutzbestimmungen“, bat sie leise.

„Ja, aber wenn Ihr Mann einen Unfall hatte, wären Sie sicher schon informiert worden“, antwortete der Beamte und versuchte, ihr etwas Trost zu spenden.

Frau Popow biss sich auf die Lippen und schluckte schwer. „Nein, darum geht es mir nicht. Mein Mann muss starke Medikamente nehmen. Er hat ein schweres Herzleiden“, erklärte sie mit zitternder Stimme, während sich Tränen in ihren Augen sammelten.

„Ich werde das veranlassen. Machen Sie sich nicht allzu viele Sorgen. Viele Menschen tauchen nach einer kleinen Auszeit wieder auf“, versuchte der Beamte, sie zu beruhigen, bevor er fortfuhr: „Vielen Dank.“ Mit einem Lächeln verabschiedete sich Frau Popow. Der Beamte schaute ihr hinterher und dachte: Was für eine attraktive Frau. Ich würde mich freiwillig nicht von ihr scheiden lassen.

Angekommen auf dem Revier begleiteten die Beamten Brand und Gründer Herrn Schmid direkt in den Verhörraum. Der Raum war äußerst spärlich eingerichtet, abgesehen von einem Tisch und vier Stühlen – zwei auf jeder Seite. Auf dem Tisch befanden sich eine Lampe, ein Laptop, ein Diktiergerät, ein Schreibblock und ein Kugelschreiber.

„Bitte, nehmen Sie doch auf dem gegenüberliegenden Stuhl Platz, Herr Schmid“, forderte Brand höflich Schmid auf. „Sicherlich wundern Sie sich, warum wir Sie mit zum Revier genommen haben. Ihre ominöse Unbekannte, die Sie als Frau Anna Weber angegeben haben, ist bei der Befragung durch unsere Kollegen in Wiesbaden eingeknickt. Sie hat unter Eid ausgesagt, dass sie nie im Restaurant Da Claudio gewesen sei. Wollen Sie uns nun auch endlich die Wahrheit sagen, Herr Schmid?“

Björn räusperte sich kurz, bevor er zu sprechen begann. „Ich werde erpresst, und die Frau im Da Claudio wurde geschickt, um mir Angst zu machen. Ich kenne diese Frau nicht, habe sie noch nie getroffen und weiß auch keinen Namen.“

„Hm, womit hat man Sie denn erpresst?“, fragte Gründer, während er Notizen machte.

„War das etwa Ihre Geliebte?“, mischte sich Brand ein, seine Miene skeptisch.

Björn schüttelte energisch den Kopf. „Nein, ich habe keine Geliebte, ich wollte mich auch nicht von meiner Frau trennen. Kathrin hörte nur nicht auf zu bohren, wer diese Frau war. Ich wollte Kathrin schützen und aus Sorge um meine Frau habe ich so gehandelt“, fügte er mit zunehmender Verzweiflung hinzu.

„Also erpresst Sie auch nicht diese Frau?“, hakte Gründer nach.

„Nein, dieser Mann“, antwortete Björn und holte sein Handy aus der Tasche. Er zeigte den Beamten das Foto, auf dem Kathrin in ihrer Gefangenschaft zu sehen war. Die Beamten waren entsetzt über den Anblick.

„Sie spielen uns hier permanent etwas vor und erzählen uns Märchen, obwohl Sie wissen, dass Ihre Frau entführt wurde und als Druckmittel gegen Sie benutzt wird? Ich fasse es nicht“, schnaubte Brand. „Sie riskieren das Leben Ihrer Frau. Seit wann haben Sie diese Nachricht?“

„Ich habe doch daraufhin alles gemacht, was die Entführer wollten. Ich habe die Polizei rausgehalten, habe ihnen gegeben, was sie wollten, aber sie haben Kathrin nicht freigelassen“, erklärte Björn verzweifelt.

„Wie hatten Sie Kontakt mit den Entführern?“, fragte Gründer weiter.

„Ich hatte ein anderes Handy, nur mit diesem einen Kontakt. Keine SMS, keine WhatsApp, nur Anrufe. Aber seit zwei Tagen meldet sich der Kerl nicht mehr!“, berichtete Björn, die Angst deutlich in seiner Stimme.

„Wie viel Lösegeld haben Sie denn gezahlt?“, fragte Gründer weiter nach.

Björn antwortete unverblümt: „500.000 Euro.“

„Woher stammt das Geld?“, fragte Brand sofort nach.

„Ich habe das Geld unserem Tresor entnommen, anstatt es zur Bank zu bringen“, gestand Björn.

„Und Ihre Mutter, die die Buchhaltung führt, ist ihr der fehlende Betrag nicht aufgefallen, Herr

Schmid?“, bohrte Gründer nach, während er die Augenbrauen hochzog.

„Ja, meine Mutter kümmert sich normalerweise um die Finanzen. Es ist ihr nicht aufgefallen“, antwortete Björn.

„Dann erzählen Sie uns, wie und wo die Übergabe des Geldes stattfand“, fragte Brand mit einem skeptischen Blick.

„Die Entführer hatten mir gesagt, ich soll alles in eine Plastiktüte packen und in einem Mülleimer vor unserem Verkaufsraum deponieren“, erklärte Björn.

„Aber das ist doch ein öffentlicher Ort, voll beleuchtet. Warum haben Sie das getan?“, wunderte sich Gründer.

„Wurde das Geld denn abgeholt?“, fragte Brand mit ernstem Tonfall.

„Ja, es wurde abgeholt“, bestätigte Björn, seine Stimme zitterte.

„Warum zum Teufel haben Sie uns nicht eingeweiht? Wir hätten möglicherweise den Täter schnappen können. Wir hätten das Sondereinsatzkommando hinzuziehen können. Das ist unverantwortlich!“, fuhr Brand fort, sichtlich frustriert über Björns Entscheidung.

Björn holte erneut sein Handy aus der Tasche und zeigte es Gründer. „Das ist das Fahrzeug von diesem Typen!“, sagte er mit einem Hauch von Entschlossenheit.

Gründer runzelte die Stirn. „Woher wollen Sie das wissen?“

„Wir haben eine Überwachungskamera installiert, und das muss der Typ sein“, erklärte Herr Schmid.

Brand schaute abwechselnd zwischen seinem Kollegen und Björn Schmid. „Ich mache uns mal eine Fotokopie davon, wenn es Ihnen recht ist, Herr Schmid. Denn ich denke, nun wollen Sie wohl doch mit uns zusammenarbeiten?“

Björn nickte zustimmend.

Herr Brand kehrte mit einer Kopie zurück und starrte immer wieder auf das Bild. „Irgendetwas stimmt doch nicht“, murmelte er mehr zu sich selbst als zu den anderen. Dann entschied er sich dazu, nach vorne zu gehen, um eine Fahrzeughalterfeststellung durchführen zu lassen. „Mal sehen, was dabei herauskommt“, sagte er, bevor er Herrn Schmid und seinen Kollegen zurückließ.

Angekommen am Polizeitresen sprach Brand seinen Kollegen Jürgen an. „Hey Jürgen, kannst du, wenn du mal fünf Minuten Zeit hast, eine Halterfeststellung für uns machen?“

„Klar, gib mal her. Ich mach das lieber gleich, bevor das hier noch lange rumliegt“, antwortete Jürgen, während er sich bereits auf seine Arbeit konzentrierte. „Klasse, Jürgen. Wenn du ein Ergebnis hast, wir sind im Verhörraum drei. Bitte leg es mir ohne Kommentar hin“, bat Brand.

„Ja, wird gemacht. Kommt gleich“, versicherte Jürgen und machte sich unverzüglich an die Arbeit.

Ich sägte den ganzen Tag hindurch, und sicherlich auch noch die halbe Nacht, mit meiner Schnalle vom schwarzen Mann am Strick herum. Der Spruch „Stetes Wasser höhlt den Stein“ kam mir dabei immer wieder in den Sinn. Ich konnte bereits einen Erfolg erkennen. Es würde nicht mehr lange dauern, bis ich den Strick so weit präpariert hatte, dass er endgültig riss. Ich malte mir aus, wie es aussehen würde, wenn ich endlich wieder frei wäre. Welches Datum mochten wir wohl haben? Würde es Tag oder Nacht sein? Und was erwartete mich draußen? Obwohl mein Magen vor Hunger nicht mehr zu spüren war, machte sich der Flüssigkeitsverlust immer mehr bemerkbar.

In diesem Moment erinnerte ich mich an die Geschichten meines Opas aus dem Zweiten Weltkrieg. Seine Worte klangen wie ein Echo in meinem Kopf, während ich mich an seine Erzählungen über das nackte Überleben erinnerte.

„Ach, weißt du, Kathrin, zu essen hatten wir nichts, und trinken konnten wir nur unseren eigenen Urin“, sagte er damals.

Ich war damals noch ein Kind und hatte meinen Opa ungläubig angeschaut. „Opa, du machst doch

Witze? Man kann doch nicht seinen eigenen Urin trinken.“ Heute weiß ich, doch, man kann, wenn man überleben will. Ich war dem schwarzen Mann dankbar, dass er den letzten Beutel noch nicht geleert hatte. Ich klammerte mich an die Hoffnung auf Rettung, so wie mein Opa einst an die Hoffnung auf ein Ende des Krieges.

9.
Wann fällt die Maske der Lügen?

Jürgen, der Kollege vom Empfangstresen, klopfte an die Tür des Verhörraums drei, öffnete sie und bat seinen Kollegen Brand darum, kurz zu ihm in Raum eins zu kommen. Polizeibeamter Brand schaute etwas verwirrt, erhob sich aber sofort, nicht ohne sich bei seinem Kollegen Gründer und Herrn Schmid für die Unterbrechung zu entschuldigen.

„Was gibts denn, Jürgen? Du hättest das Ergebnis einfach auf den Tisch legen sollen“, sagte Brand, während er den Raum verließ. „Nein, das glaube ich nicht. Woher hast du das Kennzeichen?“, fragte Brand, als er den Raum eins betrat.

„Das hat uns unser Verdächtiger Herr Schmid gegeben, du weißt schon, der Entführungsfall, der durch die Presse ging“, erklärte Jürgen.

„Halt dich fest, Brand. Die geschiedene Frau von diesem Halter war erst heute Morgen bei uns auf dem Revier und hat ihren Ex-Mann als vermisst gemeldet“, informierte Jürgen ihn weiter.

„Was? Das gibt es doch nicht“, reagierte Brand überrascht. „Vielleicht solltest du dir das Protokoll von heute Morgen durchlesen, bevor du weiter mit Björn Schmid redest. Vielleicht hat er ja sogar seine Frau und den Erpresser auf dem Gewissen?“, schlug Jürgen vor.

„Mensch, Jürgen, danke. Ich komme gleich mit nach vorne und lese mir das Protokoll durch. Wie heißt denn der Vermisste?“

„Ivan Popow. Ich sag dir, das ist echt eine gut aussehende Frau. Ich habe mich heute Morgen schon gewundert, wie man so eine Frau verlassen kann. Da wusste ich natürlich noch nicht, dass der mit eurem Fall etwas zu tun hat. Soll ich Frau Popow dieses Foto mal zeigen, nur um sicherzugehen, dass das auch wirklich ihr vermisster Mann ist?“, überlegte Jürgen laut.

„Du Schlaufuchs, die hat es dir wohl angetan. Ja, aber du hast recht. Dann verschiebe ich die weitere Vernehmung und entlasse den Schmid, bis wir nähere Erkenntnisse haben. Sag mir bitte Bescheid, wenn du die Aussage von Frau Popow hast“, bat Brand.

„Ja, klar, bis morgen und einen schönen Feierabend“, antwortete Jürgen.

„Ebenso“, erwiderte Brand und kehrte in den Verhörraum drei zurück. Er beendete das Verhör mit den Worten, dass neue Erkenntnisse erst geprüft werden müssten und dass es morgen weitergehen würde. Zu Herrn Schmid sagte er, er könne gehen, da er kooperativ gewesen sei, dass das Verhör aber am nächsten Tag fortgesetzt würde. Herr Schmid verabschiedete sich von den beiden Beamten und fuhr direkt nach Hause.

Frau Popow wohnte in einer vornehmen Wohnsiedlung am Rand der Stadt. Die Häuser waren höchstens zehn Jahre alt und strahlten einen modernen Charme aus. Große, gepflegte Vorgärten mit akkurat gestutzten Hecken und kunstvoll angelegten Blumenbeeten. Solch eine Wohnung in so einem vornehmen Stadtteil hätte ich auch gerne, seufzte Jürgen in Gedanken.

„Moment, ich komme gleich!“, rief Frau Popow, als es an ihrer Wohnungstür klingelte. Sie schaute durch den Türspion, um zu sehen, wer so früh am Morgen vor ihrer Tür stand, und erblickte den freundlichen Polizisten vom örtlichen Revier, bei dem sie gestern ihren Ex-Mann Ivan als vermisst gemeldet hatte. „Oh, guten Morgen! Haben Sie gute Nachrichten für mich? Ist mein Ex-Mann wieder-aufgetaucht?“, fragte sie erwartungsvoll.

Jürgen guckte verlegen weg. „Kann ich bitte kurz hereinkommen?“, fragte er höflich.

„Ja, aber natürlich“, antwortete Irina Popow. Jürgen nahm den angebotenen Stuhl in der Küche gerne an und schaute sich um. Die Küche war bestens ausgestattet – Mixer, Entsafter, Brotbackmaschine, Eismaschine, Espressoautomat der Luxusklasse und vieles mehr. Frau Popow folgte seinem Blick und sagte in den Raum hinein: „Das hat alles mein Ex-Mann besorgt.“

„Sehr schön haben Sie es hier“, antwortete Jürgen höflich. In diesem Moment kam Franziska Popow die Treppe herunter. „Liebes, spielst du bitte noch ein wenig in deinem Zimmer? Ich bin gleich fertig, dann komme ich zu dir, okay?“

„Ja, Mama, ich wollte doch nur den Polizisten fragen“, antwortete Franziska.

„Sei lieb, ich komme gleich.“

Nachdem Franziska wieder die Treppe nach oben gegangen war, legte Jürgen Frau Popow die Kopie vom Bild ihres Ex-Mannes vor. „Ja, das ist mein Mann. Wo ist das aufgenommen?“, fragte sie neugierig.

„Das darf ich Ihnen leider nicht sagen, aber Sie erkennen ohne Zweifel Ihren Mann, oder?“, erwiderte Jürgen.

„Ja, das ist er, aber das Bild muss schon etwas älter sein oder halt sehr schlecht aufgenommen.“

„Warum, was stimmt nicht mit der Aufnahme?“, fragte Jürgen nach.

„Mein Mann hat in dem letzten halben Jahr fast 20 kg zugenommen. Durch seinen Herzfehler hat er viel Wassereinlagerungen im Körper. So schlank war er schon lange nicht mehr.“

„Haben Sie für mich vielleicht ein aktuelles Foto von Ihrem Ex-Mann?“

„Vielleicht habe ich ein Bild von Franziskas Unfalltag. Da haben wir uns, glaube ich, auch das letzte Mal gesehen. Ja, jetzt fällt es mir ein, an dem Tag, als Franziska aus dem Baum gefallen ist“, sagte Frau Popow nachdenklich.

„Na dann, hoffe ich mal, dass alles gut gegangen ist?“, fragte Jürgen besorgt.

„Ja, dank Schwester Kathrin war alles schnell wieder gut. Das tut mir auch so leid. Weiß man denn immer noch nicht, wo sie ist?“, fragte Frau Popow besorgt.

„Entschuldigung, von wem sprechen Sie?“, fragte Jürgen verwirrt.

„Na, Kathrin Schmid, ich habe den Aufruf im Fernsehen gesehen. Die arme Frau!“, erklärte Frau Popow.

„Das ist ja ein Zufall. Ja, dann vielen Dank, Frau Popow. Vielleicht sieht man sich ja mal“, sagte Jürgen grinsend.

„Wäre schön“, antwortete Frau Popow.

Jürgen verließ die Wohnung und fuhr gut gelaunt zurück aufs Revier.

Auf dem Flur begegnete ihm zufällig Brand. „Na, wie war dein Morgen? So, wie du strahlst, hast du etwa ein Date in der Tasche?“, neckte Brand ihn.

Jürgen grinste breit und entgegnete: „Lass uns mal kurz ins Büro gehen, ich habe etwas zu berichten.“

Brand zog die Tür hinter sich zu und forderte: „Na, schieß los, erzähl.“

„Also, Frau Popow hat ihren Mann einwandfrei auf dem Foto erkannt, aber das Foto ist mindestens ein halbes Jahr alt. Seitdem hat ihr Mann angeblich rund 20 kg zugenommen, wegen Herzbeschwerden“, begann Jürgen.

„Das gibts ja nicht!“, entgegnete Brand und rieb nachdenklich sein Kinn. „Das bedeutet, dass Björn Schmid uns schon wieder belogen hat. Bald nehme ich sein Verhalten persönlich. Warum denkt er, er könnte uns so täuschen? Dem kann man ja gar nichts mehr glauben. Wann hat Frau Popow denn ihren Mann zuletzt gesehen?“, fragte Brand weiter.

„Das ist das Kuriose: ein paar Tage vor dem Verschwinden von Kathrin Schmid. Frau Popow kannte sogar Frau Schmid, weil ihre Tochter einen Unfall hatte und Frau Schmid ja auf der Kinderstation gearbeitet hat“, antwortete Jürgen.

„Ich werde zum Autohaus Schmid fahren und mir das Originalfoto zeigen lassen. In der Kamera sollte ein Datum sein. Das hätte ich von Anfang an machen sollen, anstatt Schmid zu vertrauen.“

„Fährst du alleine oder mit Gründer?“, wollte Jürgen wissen.

„Das dauert ja nicht lange. Ich fahre alleine“, sagte Brand und machte sich entschlossen auf den Weg.

Beim Autohaus angekommen, begab sich Brand direkt zum Büro von Björn Schmid, klopfte an und trat ohne Umschweife ein. Auf Höflichkeitsfloskeln verzichtete der Polizeibeamte. Er war stinksauer auf Herrn Schmid. Als Björn hochschaute, wirkte er bereits gereizt. „Wird das hier ein Dauerzustand, dass Sie fast jeden Tag unser Autohaus aufsuchen? Das ist nicht gerade förderlich für unseren Umsatz", begann Björn, seine Frustration auszudrücken.

„Ja, Herr Schmid, wenn Sie endlich mal mit der Wahrheit herausrücken würden, wären wir mit unserer Arbeit fertig und Ihre Frau wäre vielleicht auch wieder zu Hause. Sie behindern unsere Ermittlungen, und das ist strafbar", erwiderte Brand bestimmt. „Dann zeigen Sie mir bitte als Erstes das Originalfoto von dem Mann, der das Lösegeld abgeholt haben soll", forderte Brand.

Björn zögerte einen Moment, bevor er antwortete: „Äh, das tut mir aber leid, ich habe das Bild gelöscht, weil ich es mir noch mal anschauen wollte. Wissen Sie, ich kenne mich nicht so mit der Technik aus."

Brand war sprachlos.

„Sie konnten doch bestimmt anhand des Kennzeichens den Halter des Fahrzeugs und den Fahrzeugführer ermitteln. Das hat doch nichts mit dem Datum zu tun", argumentierte Björn Schmid.

„Doch, Herr Schmid, wenn Sie versuchen, jemanden mit diesem Bild eine Straftat anzulasten, schon. Das Bild muss mindestens ein halbes Jahr alt sein. Warum machen Sie das, Herr Schmid? Was wollen Sie vertuschen?"

„Dieser Mann hat meine Frau in seiner Gewalt", fuhr Schmid fort, während sich eine Mischung aus Ärger und Besorgnis in seinen Augen spiegelte. Ein schwerer Seufzer entwich seinen Lippen. „Sie haben recht, das Foto ist älter.“

„Aber woher wollen Sie wissen, dass dieser Mann der Entführer ist?“ „Er hat mir tatsächlich das Bild von Kathrin geschickt. Ich habe auch getan, was er verlangt hat, aber danach hat er sich nicht mehr gemeldet und war auch nicht mehr erreichbar“, gestand Schmid mit einem Anflug von Verzweiflung.

„Was mussten Sie dafür tun? Sie mussten keine 500.000 Euro Lösegeld zahlen, stimmts?“, bohrte Brand weiter, seine Miene ernst und seine Stimme mit einem Hauch von Ungläubigkeit durchsetzt.

„Ja, Sie haben recht. Ivan, so nannte er sich, hat eine Liste von mir verlangt“, gestand Schmid, während er den Blick senkte, als ob er sich für sein Handeln schämen würde. „Eine Excel-Liste mit all unseren Autokäufern: Namen und Adressen.“

„Was? Die haben sie herausgegeben? So funktioniert Datenschutz? Was wollte er damit?“, fragte Brand entsetzt.

„Ich weiß es nicht“, antwortete Schmid zerknirscht. „Vielleicht wollte er die Luxuswagen stehlen lassen oder bei den gut betuchten Kunden einbrechen? Es tut mir leid, ich hätte niemals gedacht, dass er so etwas vorhat.“

„Das gibt es ja wohl nicht. Als Gegenleistung wollte er Kathrin freilassen?“, fasste Brand zusammen, wobei seine Stirn sich in Falten legte.

„Ja, so war der Plan“, bestätigte Schmid mit einem bedrückten Nicken.

„Herr Schmid, es ist so viel Zeit vergangen. Warum um alles in der Welt haben Sie nicht mit uns kooperiert? Ich werde nun sofort das Kennzeichen zur Fahndung ausschreiben. Halten Sie sich für Rückfragen bereit. Morgen früh will ich Sie bei uns auf dem Revier sehen, und Sie unterschreiben Ihre Aussage!“

Brand stand auf und eilte aus dem Autohaus zu seinem Fahrzeug. Er fuhr direkt zum Revier, sein Kopf voller Gedanken darüber, wie dieser Fall wohl enden würde. Er rief seinem Kollegen Jürgen zu: „Kannst du sofort eine Vertretung für die Tresenarbeit organisieren? Ich brauche dich, wir müssen zu Frau Popow.“

„Ja, klar. Heinz, kannst du den Empfang übernehmen? Ich muss mit Brand raus!“

„Ja, sicher, ich kümmere mich darum“, antwortete Heinz.

Jürgen fuhr mit seinem Kollegen Brand zu Frau Popow. Für die schöne Gegend hatte er nun keine Augen mehr. Er klingelte, und Irina Popow öffnete sofort lächelnd die Tür. „So schnell hätte ich mit einem Wiedersehen nicht gerechnet“, sprach sie Jürgen direkt an.

„Entschuldigen Sie, aber wir haben noch Fragen an Sie“, antwortete Brand und gab seinem Kollegen Jürgen recht. Irina Popow war eine wirklich schöne, grazile Frau. Diesmal bot Frau Popow den beiden Polizisten einen Platz im Wohnzimmer an. „Kann ich Ihnen etwas zu trinken anbieten?“

„Nein, danke“, kam es fast synchron aus beiden Mündern.

„Frau Popow, ich will gleich zur Sache kommen. Womit verdient Ihr Mann so viel Geld?“, fragte Jürgen direkt.

Frau Popow schluckte nervös und antwortete: „Ich weiß es nicht, aber ich hatte schon immer eine Ahnung, dass dieser Moment kommen würde. Ivan hat mir nie von seinen Geschäften erzählt, wirklich, das müssen Sie mir glauben.“

„Können Sie sich vorstellen, dass Ihr Mann fähig wäre, Frau Kathrin Schmid zu entführen?“, fragte Brand beharrlich, während er den Blick zwischen Frau Popow und Jürgen hin und her wandern ließ.

Frau Popow schüttelte den Kopf. „Nein, das kann ich mir nicht vorstellen. Warum sollte er das tun?“ Ihre Stimme klang unsicher, ihre Augen suchten Jürgen und sie hoffte auf Verständnis.

„Wissen Sie, wo der Transporter von Ihrem Mann ist?“, hakte Brand weiter nach, seine Miene konzentriert, als versuche er, die Wahrheit zwischen den Worten zu finden.

„Nein, mit dem war mein Mann viel unterwegs“, antwortete Frau Popow zögernd, während sie ihre Hände nervös faltete.

„Angenommen, Ihr Mann müsste jemanden verstecken, wo würde er hinfahren? Gibt es vielleicht ein abgelegenes Haus, ein verlassenes Gebäude oder vielleicht eine Garage?“, fragte Brand, wobei er versuchte, jede Nuance in Frau Popows Gesichtsausdruck zu erfassen.

Frau Popow überlegte und ließ sich viel Zeit mit der Antwort. „Ich bin mir nicht sicher, aber einmal hat er mich auf ein großes einsames Gelände mitgenommen und hat gesagt: Schau, Irina, welches Auto möchtest du? Ich habe ihn für verrückt erklärt. Ich will kein Auto, habe ich zu ihm gesagt, und solche großen Autos erst recht nicht. Du wolltest doch immer ein Auto, um Franziska zu fahren, sagte er zu mir. Ich sagte ihm, er spinnt und fragte, woher er die hat. Er antwortete, die gehen ins Ausland. Irgendwie ahnte ich, dass das kein normales Geschäft war, zumal mein Ivan doch gelernter Maurer war. Er ist doch kein Autoverkäufer“, fügte sie hinzu, während sie die Erinnerungen zu ordnen versuchte. „Hatte er die Autos von Herrn Schmid?“, fragte Irina Popow plötzlich, ihre Augen groß vor Aufregung.

„Wie kommen Sie darauf?“, fragte Jürgen verwundert, während er seine Gedanken ordnete.

„Nun, einmal bat Ivan mich um einen Gefallen. Ich sollte in ein Restaurant gehen, wo Herr Schmid mit seiner Frau gegessen hat, und sollte ihm eine Nachricht überbringen“, erklärte Frau Popow leise.

„Was war das für eine Nachricht?“, fragte Brand gespannt auf die Antwort, seine Augen auf Frau Popow gerichtet. „Ich sollte ihm sagen, wenn er nicht bald die nächste Liste schickt, wird es ungemütlich“, antwortete Frau Popow. „Herr Schmid sagte, ich solle Ivan ausrichten, er hätte verstanden“, fügte sie hinzu und ihre Augen füllten sich mit Tränen.

„Ich verstehe“, sagte Brand mehr zu sich selbst, während er versuchte, die Puzzlestücke des Falls zusammenzusetzen. „Bitte, Frau Popow, können Sie sich erinnern, wo das Gelände ist, von dem Sie sprachen?“

„Ich weiß es nicht mehr“, antwortete Frau Popow bedauernd, ihre Augen suchten die Erinnerungen in den Tiefen ihrer Gedanken.

„Bitte“, sagte nun Jürgen und versuchte, ihr behutsam zu helfen. „Was war rundherum? Ein Fluss, ein Bach, Bäume, ein altes Tor mit Reklame? War das Gebäude eingezäunt?“

Frau Popow schloss für einen Moment die Augen. „Nein, es war ein Bauzaun am Eingang, da hing ein Schild dran“, sagte sie langsam, als würden die Erinnerungen langsam an die Oberfläche steigen.

„Versuchen Sie sich noch genauer zu erinnern“, bat Jürgen weiter, seine Stimme sanft. „Was stand auf dem Schild?“

„Irgendwas, ich weiß es wirklich nicht“, antwortete Frau Popow, ihre Stirn leicht gerunzelt vor Konzentration. „Aber es war ein Mann abgebildet mit einem Gerüst und das Plakat ... ja, es war kein Schild, es war ein Plakat, so orange“, fügte sie hinzu, während sie versuchte, die verblassenden Erinnerungen zu greifen.

„Sie machen das sehr gut“, lobte Jürgen sie. „Wie lange sind Sie dort hingefahren? Eine halbe Stunde? Länger? Auf dem Weg dorthin sind Sie durch einen bekannten Ort gefahren?“

„Nein, es war sehr einsam. Da gab es nur eine alte Gärtnerei direkt an der Straße, alle Gewächshäuser waren kaputt“, erinnerte sich Frau Popow langsam.

Jürgen rief euphorisch: „Sie machen das so toll, Frau Popow. Sie wissen gar nicht, wie sehr Sie uns helfen. Wir werden Ihre Informationen nun auswerten. Vielen Dank für Ihre Ehrlichkeit.“

Bedrückt schaute Irina Jürgen an. „Habe ich mich auch strafbar gemacht, weil ich Herrn Schmid die Nachricht überbracht habe?“

„Nein“, antwortete Jürgen beruhigend. „Moralisch vielleicht, aber sonst ist alles in Ordnung.“

Die beiden Polizisten verabschiedeten sich. Im Auto hingen sie ihren Gedanken nach. Brand ärgerte sich, weil er schon wieder Björn Schmid auf den Leim gegangen war und dieser wieder gelogen hatte, während Jürgen an Irina Popow dachte und sich fragte, ob er sie wohl irgendwann mal zum Essen einladen durfte.

Es ist möglich, dass wieder ein bedeutender Tag vergangen ist, weil Menschen lügen und betrügen. Sie tragen Masken und zeigen nicht ihr wahres Gesicht. Wir lassen uns täuschen und sind unfähig, hinter die Fassade zu blicken, philosophierte Brand.

Polizist Brand bereitete sich gründlich auf das Verhör mit Schmid vor. Unterstützt von Gründer und Jürgen, die weitere Kollegen hinzuzogen, versuchten sie, anhand von Irina Popows Aussage den möglichen Ort zu finden, an dem Kathrin Schmid gefangen gehalten wurde. Björn traf pünktlich auf dem Revier ein, um seine Aussage vom Vortag zu unterzeichnen, nichts ahnend von den neuen Erkenntnissen, die Polizist Brand dank Frau Popow gewonnen hatte. Im Verhörraum, den Brand schon zur Genüge kannte, empfing er Schmid mit einem scharfen Blick. „Nehmen Sie Platz. Sie kennen sich ja bereits hier aus“, bemerkte Brand spitz.

Schmid, der offensichtlich schnell wieder das Revier verlassen wollte, fragte hastig: „Ja, wo muss ich denn unterschreiben?“

Brand ließ ihn nicht so einfach davonkommen. „Sie halten sich wohl für sehr schlau, nicht wahr?“

Schmids Gesicht verlor an Farbe, seine Hände begannen zu schwitzen, während er ahnte, dass sein bisheriges Spiel vorbei war.

„Nun, haben Sie plötzlich die Sprache verloren? Es wäre besser, wenn Sie die Wahrheit sagen, bevor ich es tue. Und glauben Sie mir, dieses Protokoll wird Ihr letztes sein. Haben Sie mich verstanden? War ich klar genug?“ Brand fixierte Schmid mit einem durchdringenden Blick, der diesen das Unbehagen förmlich spüren ließ. Schmid rutschte nervös auf seinem Stuhl hin und her.

„Ich werde Ihnen etwas auf die Sprünge helfen, Herr Schmid. Die Dame, die damals bei Da Claudio erschienen ist, war nicht Anna Weber aus Wiesbaden, sondern Irina Popow, Ivans Ex-Frau. Frau Popow hat Ihnen durch Ihren Mann ausrichten lassen: Wenn Sie nicht bald die nächste Liste schicken, wird es ungemütlich. Das bedeutet, Herr Schmid, Sie stecken mit Ivan Popow unter einer Decke. Ihre Frau wurde entführt, weil sie Ivan nicht mehr mit der Adressenliste Ihrer Kunden beliefert haben. Sie haben sich strafbar gemacht, aber das ist ein anderes Verfahren. Wer von Ihrer Familie wusste noch davon?“

Björn antwortete zögerlich: „Nur mein Bruder Kai.“

„Was haben Sie also mit der Liste gemacht?“

„Ivan ließ die Autos stehlen, und wir bekamen 20 Prozent vom Verkaufserlös.“

„Wo wurden die Fahrzeuge verkauft?“

„Außerhalb der EU verteilt.“

„Und das ist der Versicherung nicht aufgefallen?“

„Nein, es waren ja immer andere Fahrzeuge und unsere Kunden sind auch bei verschiedenen Versicherungen versichert gewesen.“

Brand schüttelte den Kopf. „Das heißt also noch einmal zum Mitschreiben: Die neuen Autos wurden gestohlen, Sie haben 20 Prozent vom Verkauf erhalten und Ihre Kunden kauften ein zweites Mal in Ihrem Autohaus einen Luxuswagen, weil sie ja das Geld von der Versicherung erhalten hatten. So konnten Sie zwei Autos an einen Kunden verkaufen. Seit wann machen Sie dieses Spiel?“

„Seit fast einem Jahr. Wir hatten extreme Gewinneinbrüche in der Pandemie, da kaufte keiner ein Auto, weil keiner wusste, wie sein Leben weitergeht“, antwortete Schmid.

„Ironisch, nicht wahr?“, kommentierte Brand. „Mir kommen gleich die Tränen! Dann hoffe ich inständig, dass wir Ihre Frau unversehrt finden. Denn andernfalls werden Sie sich der Beihilfe zur Entführung schuldig gemacht haben.“

Schmid schluckte schwer. „Nein, ich wusste doch am Anfang wirklich nicht, dass Kathrin in Ivans Gewalt war. Das erfuhr ich erst, nachdem ich das verhängnisvolle Foto erhalten hatte.“

Ein bedauerndes Seufzen entwich den Lippen des Polizisten. „Ja, das war Ihre Chance, mit der

Wahrheit herauszurücken. Doch leider haben Sie diese Möglichkeit verstreichen lassen."

In diesem Moment betrat die Sekretärin den Raum und reichte das Protokoll, das Björn Schmid, ohne es sich durchzulesen, unterschrieb.

„Schade, Herr Schmid," fuhr der Polizist fort, seine Stimme mit einem Hauch von Enttäuschung durchzogen. „Ich hoffe wirklich, dass Sie mit meinen Kollegen von Wirtschaftsdelikten besser zusammenarbeiten werden. Immerhin könnte dies Ihr Strafmaß erheblich mindern. Die Kollegen sind gerade vor Ort und beschlagnahmen alle Computer. Wie heißen denn eigentlich die Dateien, die Sie weiterverkauft haben?"

Björn sprach sehr leise, fast flüsternd, und Herr Brand bat ihn doch bitte, den Dateinamen noch einmal zu nennen. „Die Dateien hießen Navi."

„Wieso, wenn ich fragen darf, nennt man eine Datei Navi?"

Ein Moment der Stille folgte, bevor Herr Schmid mit einem leichten Lächeln antwortete: „Wenn Sie Navi von hinten lesen, lesen Sie Ivan. Interessant, nicht wahr? Manchmal versteckt sich die Wahrheit in den einfachsten Dingen."

Mit einem kalten Blick entließ Brand Schmid aus dem Verhörraum. Björn erhob sich, seine Augen trafen auf jene von Herrn Brand, und er spürte die pure Verachtung in diesem Blick.

10.
Die Suche

Jürgen Fischer und seine Kollegen saßen gespannt vor ihren Computern, umgeben von Kartenmaterial, Google Maps und Suchergebnissen. Ihr Ziel: ein orangefarbenes Plakat mit einem Gerüst darauf zu finden. Diese Art von Werbung war nicht allzu häufig, was die Suche eigentlich recht vielversprechend machte. Doch der Versuch, durch einen Anruf bei der Firma eine schnelle Lösung zu finden, erwies sich als Sackgasse. Das Plakat schien bereits seit Jahren an seinem Platz zu hängen und passte nicht zu den aktuellen Baustellen in der Umgebung.

Währenddessen machten sich andere Kollegen daran, die verlassene Gärtnerei aufzuspüren. Auf der Karte wirkte die Gegend dünn besiedelt und verlassen, und die Fahrzeit dorthin betrug etwa eine halbe Stunde bis vierzig Minuten. Ein Kollege, der aus der Region stammte, konnte jedoch kein verlassenes Gebäude in der Umgebung identifizieren.

Die Ermittler waren hoch konzentriert und vertieft in ihre Bildschirme, als plötzlich Jürgen Fischer aufsprang und rief: „Ich habe es, mein Gott, ich habe es gefunden!“ Seine Kollegen eilten zu seinem Schreibtisch und starrten gebannt auf den Bildschirm.

„Das muss es sein!“, verkündete Fischer triumphierend. „Los, wir brauchen einen Trupp von mindestens 20 Polizisten. Das Gelände ist zu groß, um es allein zu durchsuchen."

Es handelte sich um eine alte Stuhlfabrik, die bereits 1960 geschlossen worden war. Seitdem verfiel das Gebäude zusehends, überwuchert von der Natur und vergessen von der Zeit. Die Anforderung des SEK wurde sofort veranlasst, und nach zwei Stunden waren alle Einsatzfahrzeuge einschließlich der Krankenwagen bereit zur Abfahrt. Die Ermittler waren voller Entschlossenheit und bereit, das verlassene Fabrikgelände zu durchkämmen, in der Hoffnung, dort Hinweise auf Kathrin Schmids Aufenthaltsort zu finden oder noch besser Sie selbst.

Björn fuhr geradewegs zum Autohaus und bat seinen Bruder und seine Mutter um ein Gespräch in seinem Büro. Vorher instruierte er die Empfangsdame des Autohauses, keine Telefonate durchzustellen und niemanden zu stören, da die Familie für etwa eine Stunde für niemanden erreichbar sein würde. Die Empfangsdame nickte verständnisvoll und versprach, sich daran zu halten.

Als Kai als Erster in Björns Büro eintrat, konnte er seine Sorge kaum verbergen. „Was gibt es Neues von Kathrin?", fragte er sofort.

Björn bat ihn jedoch höflich, zu warten, bis auch Else im Büro war. Seine Nerven waren zum

Zerreißen gespannt, als er auf ihre Ankunft wartete. Kaum hatte er den Satz beendet, betrat Else bereits den Raum, ihr Blick voller Unruhe und Unverständnis. „Was ist hier los? Die Polizei war hier und hat alle Computer beschlagnahmt!" Ihre Stimme war voller Vorwurf und Enttäuschung, während sie ihre Söhne durchdringend ansah.

Keiner von ihnen antwortete. Björn schaute seine Mutter lange an, ein Sturm der Emotionen tobte in seinem Inneren. Für einen flüchtigen Moment war er versucht, ihr eine andere Geschichte als die Wahrheit zu erzählen, um sie vor dem Schock zu bewahren, der sie erwarten würde. Doch schließlich entschied er sich für die Wahrheit. Die Worte kamen ihm schwer über die Lippen und Else hörte bis zum letzten Satz schweigend zu. Eine unheilvolle Stille erfüllte den Raum, während die Wahrheit wie ein scharfes Messer zwischen ihnen stand. Doch dann, als die Worte verklungen waren, brach die Ruhe mit einer gewaltigen Welle der Wut. Else erhob sich mit einer beängstigenden Entschlossenheit, ihr Gesicht verzerrt vor Zorn. In einem Anflug von roher Emotion ging sie schnellen Schrittes zum Schreibtisch von Björn und ohne ein weiteres Wort zu verlieren, holte sie mit voller Wucht aus und verpasste ihm eine saftige Ohrfeige, die den Raum mit einem lauten Knall erfüllte. Die Handlung war eine Explosion der Unterdrückung, ein Akt der

Verzweiflung und des Verlustes, der alles überschattete.

Das Einsatzkommando hielt etwa fünfhundert Meter vor dem Fabrikgelände an. Der Einsatzleiter teilte seine Truppen in vier kleinere Gruppen ein, um taktisch vorzugehen. Das Fabrikgelände war von der Natur seit Jahren erobert worden, und die Überreste der menschlichen Eingriffe zeigten deutliche Zeichen des Verfalls. Beim Betreten der Fabrik stellten die Polizisten fest, dass das Dach an mehreren Stellen eingestürzt oder stark beschädigt war. Überall herrschte eine Atmosphäre des Verfalls und der Vernachlässigung. Im hinteren Teil des Gebäudes, abseits der Witterungseinflüsse, wirkte die Struktur fast unversehrt im Vergleich zu den zerfallenen Bereichen. Langsam und mit äußerster Vorsicht rückten die Polizisten Stück für Stück vor. Tür für Tür wurde geöffnet, und es offenbarte sich der traurige Anblick eines ehemals belebten Arbeitsplatzes, der nun von Schmutz, Schutt und Dunkelheit beherrscht wurde. Die Bürotrakte erschienen wie verwüstete Relikte vergangener Zeiten. Die meisten Räume hatten zerbrochene Fenster, durch die das Tageslicht dennoch nur spärlich hereinfiel, weil hohe Bäume die Räume verdunkelten.

Der Geruch in der Luft war stickig und modrig, eine Mischung aus feuchtem Mauerwerk, verrottetem Holz und stagnierender Luft. Es war, als ob die Wände selbst den Geruch des Verfalls ausatmeten, während das Gebäude langsam dem Lauf der Zeit erlag. Jeder Schritt hallte durch die leeren Gänge wider, begleitet von dem Knirschen von Schutt unter den Stiefeln der Polizisten. Die Atmosphäre war gespenstisch, und das Knarren und Ächzen der Struktur verstärkten das Gefühl der Unheimlichkeit. Trotz der äußeren Ruhe spürte man die latenten Gefahren, die in den eingestürzten Decken, den bröckelnden Wänden und den verborgenen Ecken lauerten. Nach kurzer Zeit musste das Einsatzkommando leider dem Einsatzleiter melden, dass hier schon seit Jahren niemand mehr gewesen war. Das Gebäude war einfach zu sehr verfallen, und es gab nur wenige Räume, die man hätte nutzen können. Das Einsatzkommando machte sich daher langsam auf den Rückweg zum Treffpunkt zur Einsatzleitung. Der Polizist Brand war sehr enttäuscht; er hatte fest damit gerechnet, dass sie hier Erfolg haben würden. Er überlegte kurz und rief dann Irina Popow an.

„Hallo, Frau Popow, bitte entschuldigen Sie die Störung. Ich würde Ihnen gerne ein Bild von dem Gelände schicken, wo Sie eventuell damals mit Ihrem Mann Ivan waren."

„Ja, gerne", antwortete Frau Popow.

Brand legte auf und schickte zwei Bilder: eines vom Gelände mit dem großen Hof und eines vom Gebäude, oder besser gesagt, von dem, was davon noch übrig geblieben war. Die Antwort von Frau Popow kam schnell. „Ja, Herr Brand, das ist das Gelände, da war ich mit Ivan."

Brand bedankte sich per WhatsApp bei Frau Popow. „Also, Leute, Frau Popow hat das Gelände und das Gebäude wiedererkannt. Also entweder sind die beiden nicht hier, oder wir haben etwas übersehen."

Das Einsatzkommando war sich sicher, nichts übersehen zu haben. Brand kratzte sich am Kinn, das tat er immer, wenn er in einer fast ausweglosen Situation war, und überlegte. „Okay, wir müssen jemanden finden und sprechen, der hier mal gearbeitet hat."

Herr Brand rief den Besitzer der Immobilie an und fragte nach einem Keller in dem Gebäude. Der Besitzer verneinte und erklärte, dass sie zwar früher Lagerhallen für die fertigen Stühle gehabt hätten, diese aber vor Jahren abgerissen worden seien, da sie aus Wellblech bestanden und viele Platten sich gelöst hatten. Herr Brand fragte, ob es hier in der Nähe eine weitere Fabrik gab. Der Besitzer verneinte das.

„Ja, dann entschuldigen Sie bitte die Störung", sagte Brand und wollte gerade das Gespräch beenden, als der Immobilienbesitzer etwas einwarf.

„Warten Sie mal, Sie hatten doch nach einem Keller gefragt. Den hatten wir nicht, aber aus der Kriegszeit gibt es, soweit ich weiß, noch einen Personenschutzbunker.“

„Was?“, rief Brand. „Wo ist der? Wo befindet der sich?“

Der Immobilienbesitzer bat einen kleinen Augenblick um Geduld, er versuchte, sich genauer zu erinnern. „Herr Brand, sehen Sie den alten Schornstein?“

„Ja, den kann ich sehen.“

„Von da aus muss irgendwo der Eingang sein. Der Bunker war damals wie ein kleiner Hügel, der mit Gras bewachsen war. Er war mit einer schweren Eisentür verschlossen worden.“

Herr Brand bedankte sich überschwänglich für die Information.

Das Einsatzkommando schlich sich langsam an den braunen Transporter heran, der vor der Eingangstür des vermeintlichen Personenschutzbunkers geparkt war. Die Stille der Umgebung wurde nur durch das leise Rascheln der Blätter und das gedämpfte Flüstern der Beamten durchbrochen. Als sie den Transporter erreichten, stellten sie fest, dass er verlassen war und keine Spuren von kürzlicher Nutzung aufwies. Ein Beamter prüfte vorsichtig die Motorhaube, doch das Metall war bereits kühl.

Der Transporter stand genau vor einer Eingangstür. Die Tür war nicht sehr breit. Es passte immer nur ein Beamter durch. Brand wies an, dass nur acht Polizisten in den Bunker gehen sollten, während der Rest sich in Bereitschaft hielt. Der erste Polizist rief laut: „Hier ist die Polizei! Hallo, ist hier jemand? Wir kommen nun rein. Ist hier jemand?“

Doch der Ruf wurde durch die dicken Wände geschluckt. Als Erstes fanden die Beamten einen großen Saal mit Feldbetten aus Metall und muffigen Matratzen. Hier hätten im Krieg wahrscheinlich fünfzig Personen Platz gehabt. Dann gab es einen zweiten Raum, der wohl für die Notdurft gedacht war. Schließlich entdeckten sie einen weiteren Raum, dessen Tür einen kleinen Spalt offenstand. Ein schwacher Lichtstrahl drang hervor. Der Beamte, der als Erster eintrat, erschrak zutiefst. Auf dem Betonboden lag ein Mann, ganz in schwarz gekleidet. „Hey, aufstehen! Polizei, Hände hoch!“ Doch der Mann regte sich nicht.

Der zweite Polizist betrat den Raum und sah einen Tisch, auf dem ein Laptop und eine Lampe standen, sowie eine sogenannte Campingtoilette, die in der Ecke stand, aus der es fürchterlich stank. An der Wand neben dem schwarzen Mann war ein Eisenring angebracht, davor lag ein aufgetrennter Strick. Der erste Polizist drehte den schwarzen Mann um. Als er die Sturmhaube von seinem Kopf nahm, zuckte er zusammen, sprang auf, rannte an den anderen Kollegen vorbei und übergab sich direkt neben dem Eingang.

Die Polizisten verließen den Bunker und informierten Brand über das, was sie gefunden hatten. Brand kratzte sich erneut am Kinn, während er die Informationen verarbeitete. „Okay, als Erstes fordere ich die Spurensicherung und einen Leichenwagen an. Ihr durchkämmt bitte das umliegende Gelände. Vielleicht konnte Kathrin Schmid erst vor Kurzem fliehen. Ich will nicht hoffen, dass wir eine weitere Leiche finden."

Die Beamten nickten und machten sich an die Arbeit. Die Spannung in der Luft war greifbar, während sie das Gelände durchsuchten, jeden Winkel, jedes Versteck sorgfältig inspizierten. Die Hoffnung darauf, Kathrin Schmid lebend zu finden, war groß, aber gleichzeitig nagte die Angst vor dem, was sie stattdessen entdecken könnten, an ihren Nerven.

Ich lag auf einer sanften Wiese, umgeben von einem Meer aus üppigem Grün, während die Vögel über mir ihr schönstes Lied trällerten. Die warmen Sonnenstrahlen streichelten meine Haut, und ich konnte die Wärme förmlich spüren, die sich in meinem Körper ausbreitete. Der Duft des Grases stieg in meine Nase und umhüllte mich mit einer beruhigenden Frische, die schöner war als jedes Parfüm.

In diesem Moment der vollkommenen Ruhe und Harmonie wurde die Stille plötzlich durchbrochen. Eine leise, melodische Stimme rief meinen Namen, kaum lauter als ein Flüstern im Wind.

„Kathrin? Kathrin Schmid ...“

Die Worte klangen wie ein zarter Gesang, der durch die Luft schwebte und mein Herz zum Klingen brachte.

Über die Autorin

Ich, Pia Herzog, wurde 1959 in Niedersachsen, Deutschland, geboren. Während der Pandemie entdeckte ich meine Leidenschaft für das Schreiben als „Stay-at-home“-Autorin. In dieser Zeit erkannte ich die Kraft der Worte für mich. Meine Werke spiegeln die Vielfalt des menschlichen Lebens wider und erzählen emotionale, spannende Geschichten, die das Herz berühren. Obwohl ich erst spät begonnen habe, wurde deutlich, dass es nie zu spät ist, die kreative Seite zu entfalten. Heute schreibe ich immer noch, denn einmal angefangen, lässt einen das Schreiben nicht mehr los.

Weitere Bücher von mir, die im Rediroma-Verlag erschienen sind:
ANGSTSCHWEIß AUF DER HAUT
ISBN: 978-3-98527-042-2
RAUS AUS DER GEWALT
ISBN: 978-3-98527-257-0
LEBEN OHNE VERGANGENHEIT
ISBN: 978-3-98527-460-4
WIRKLICH WEG?
ISBN: 978-3-98527-761-2
GEHE NICHT ÜBER LOS …
ISBN: 978-3-98885-020-1

Liebe Leser,

Wenn euch das Buch gefallen hat und ihr Zeit findet, wäre ich über eine Bewertung im Netz sehr dankbar. Eure Meinung ist für mich als Autorin von unschätzbarem Wert.

Danke, dass ihr euch die Zeit genommen habt, mein Buch zu lesen.

Wer mehr über meine Veröffentlichungen erfahren möchte, kann das auch ganz bequem über die nachfolgende Homepage machen.

https://www.pia-herzog.de/

Dieses Buch ist eine freie Erfindung von mir, Namensgleichheit mit lebendenden Personen ist von mir nicht beabsichtigt und wären absolut zufällig. Ich erkläre, dass ich keine Verletzungen der Rechte von Dritten beabsichtige.